Wohnungseigentum

Meine Rechte und Pflichten als Eigentümer

2. Auflage

C.H.BECK

Vorwort

Verehrte Leserinnen und Leser,

die Verwaltung des gemeinschaftlichen Eigentums durch den Verwalter ist eine verantwortungsvolle Aufgabe, aber Eigentum verpflichtet auch. Das Wohnungseigentumsgesetz (WEG) ist das zentrale Gesetz zur Verwaltung einer Wohnungseigentümergemeinschaft und trat erstmalig im Jahr 1951 in Kraft.

Mit dieser Broschüre möchte ich Ihnen einen verständlichen und tieferen Einblick in die Verwaltung von Wohnungseigentümergemeinschaften geben. Anhand von Praxisbeispielen und Erläuterungen typischer Fragestellungen erhalten Sie ein stabiles Fundament für ein hoffentlich glückliches Leben in einer Wohnungseigentümergemeinschaft. Selbstverständlich wurden auch die umfangreichen Neuerungen des am 1.12.2020 in Kraft getretenen Wohnungseigentumsmodernisierungsgesetzes (WEMoG) eingearbeitet.

Kernpunkte der zum 1.12.2020 in Kraft getretenen WEG-Reform 2020 sind:

- Änderungen im Sachenrecht (Sondereigentumsfähigkeit von Außenflächen und Stellplätzen),
- Systemwechsel in der WEG-Verwaltung (Gemeinschaft der Wohnungseigentümer),
- Änderungen bei den Rechten und Pflichten der Wohnungseigentümer,
- Änderungen bei baulichen Maßnahmen und deren Kosten und Nutzung,
- Änderungen bei der Eigentümerversammlung und dem Umlaufbeschluss,
- Änderungen beim Verwalter und dessen Aufgaben,
- Einführung eines Vermögensberichtes,
- Änderungen beim Verwaltungsbeirat.

Eine der wichtigsten Änderungen ist der sogenannte Systemwechsel in der WEG-Verwaltung. Bis zum 30.11.2020 stand die Verwaltung des gemeinschaftlichen Eigentums den Wohnungseigentümern zu. Seit dem 1.12.2020 verändert § 18 Absatz 1 WEG in Verbindung mit § 9a Absatz 2 WEG das bisherige Verwaltungssystem, wonach nicht mehr die Wohnungseigentümer, sondern die Wohnungseigentümergemeinschaft für die Verwaltung des gemeinschaftlichen Eigentums zuständig ist. Direkte Ansprüche des einzelnen Wohnungseigentümers gegen den Verwalter oder gegen einzelne Wohnungseigentümer kommen nach der neuen Vorschrift grundsätzlich nicht mehr in Betracht. Die Wohnungseigentümergemeinschaft ist damit rechtsfähig und stets Adressat bei Ansprüchen im Zusammenhang mit der Verwaltung des gemeinschaftlichen Eigentums.

Viel Spaß bei der Lektüre!

Ihr Massimo Füllbeck, Immobilien-Ökonom (VWA)

Inhaltsverzeichnis

1 Gesetzliche Grundlagen und Begriffe der Wohnungseigentumsverwaltung _____ 5
1. Gesetzliche Grundlagen _____ 5
2. Begriffe der Wohnungseigentumsverwaltung _____ 5

2 Begründung von Wohnungseigentum _____ 8
1. Grundlagen und Begriffe _____ 8
2. Entstehung der Wohnungseigentümergemeinschaft _____ 9

3 Der Erwerb von Wohnungs- oder Teileigentum _____ 10
1. Wichtige Dokumente _____ 10
2. Checkliste Eigentümerwechsel (bereits bestehende Wohnungseigentümergemeinschaft) _____ 12
3. Checkliste Eigentümerwechsel (neu gegründete Wohnungseigentümergemeinschaft) _____ 13

4 System und Organe der Verwaltung _____ 14
1. Grundlagen _____ 14
2. Organe der WEG-Verwaltung _____ 14

5 Teilungserklärung und Gemeinschaftsordnung _____ 17
1. Die Gemeinschaftsordnung und ihre Vereinbarungen _____ 17
2. Besondere Vereinbarung: Veräußerungszustimmung _____ 18

6 Ordnungsmäßige Verwaltung _____ 19
1. Begriff der ordnungsmäßigen Verwaltung _____ 19
2. Die Hausordnung _____ 20
3. Erhaltung des gemeinschaftlichen Eigentums _____ 20
4. Versicherung _____ 21
5. Erhaltungsrücklage _____ 21
6. Bestellung eines zertifizierten Verwalters _____ 22
7. Checkliste: ordnungsmäßige Verwaltung _____ 23

7 Wem gehört was? Sonder- und Gemeinschaftseigentum _____ 24
1. Was gehört dem Wohnungseigentümer? _____ 24
2. Was gehört der Wohnungseigentümergemeinschaft? _____ 25
3. Checkliste: Sonder- und Gemeinschaftseigentum _____ 26

8 Der Verwalter _____ 28
1. Qualifikation des Verwalters _____ 28
2. Vergütung des Verwalters _____ 28
3. Bestellung des Verwalters _____ 29
4. Abschluss eines Verwaltervertrages (Trennungstheorie) _____ 29
5. Abberufung des Verwalters _____ 30
6. Aufgaben des Verwalters _____ 31
7. Vertretungsbefugnisse des Verwalters im Außenverhältnis _____ 32
8. Checkliste: Verwalter _____ 33

9 │ Der Wohnungseigentümer _____ 34
   1. Rechte und Plichten des Wohnungseigentümers _____ 34
   2. Checkliste Bauliche Veränderung (privilegierte Maßnahmen seit dem 1.12.2020) _ 35
   3. Checkliste Bauliche Veränderung (alle anderen baulichen Veränderungen seit dem 1.12.2020) _____ 36
   4. Pflicht zur Zahlung einer Umzugskostenpauschale _____ 37
   5. Anspruch auf Schadensersatz bei Beschädigung von Sondereigentum _____ 38
   6. Versehentlicher Austausch von Teilen des gemeinschaftlichen Eigentums _____ 38
   7. Haftung des Wohnungseigentümers im Außenverhältnis _____ 39
   8. Probleme mit anderen Sondereigentümern bzw. vermieteten Wohnungen _____ 39
   9. Haftung des Wohnungseigentümers im Innenverhältnis _____ 39

10 │ Der Verwaltungsbeirat _____ 40
   1. Grundlagen _____ 40
   2. Checkliste: Verwaltungsbeirat _____ 41

11 │ Willensbildung der Wohnungseigentümergemeinschaft _____ 42
   1. Beschluss in der Eigentümerversammlung _____ 42
   2. Wann kann ein Beschluss gefasst werden? _____ 43
   3. Konkretisierung der Beschlusskompetenz durch die Rechtsprechung _____ 44
   4. Grundregeln bei der Beschlussformulierung und Unterschied zwischen Rechtswidrigkeit und Nichtigkeit _____ 46
   5. Der Umlaufbeschluss _____ 47
   6. Bauliche Veränderung und Kosten/Nutzungen der baulichen Veränderung _____ 47
   7. Kosten und Nutzungen baulicher Veränderung _____ 49

12 │ Die Wohnungseigentümerversammlung _____ 53
   1. Teilnahmepflicht an der Wohnungseigentümerversammlung _____ 53
   2. Formalien zur Wohnungseigentümerversammlung _____ 54
   3. Anfechtung von Beschlüssen (Beschlussklagen) _____ 59
   4. Checkliste: Wohnungseigentümerversammlung _____ 59

13 │ Finanzen in der Wohnungseigentümergemeinschaft _____ 61
   1. Zahlungsverkehr _____ 61
   2. Gesetzliche oder vereinbarte Kostenverteilung _____ 61
   3. Der Wirtschaftsplan _____ 63
   4. Sonderumlage _____ 65
   5. Die Abrechnung über den Wirtschaftsplan (Jahresabrechnung) _____ 66
   6. Haushaltsnahe Dienstleistungen (§ 35a EStG) _____ 67
   7. Vermögensbericht _____ 68
   8. Eigentümerwechsel _____ 68
   9. Abrechnung bei Verwalterwechsel _____ 69
   10. Änderung des Wirtschaftsjahres/Abrechnungsjahr _____ 69
   11. Durchsetzung von Hausgeldansprüchen _____ 70

1 Gesetzliche Grundlagen und Begriffe der Wohnungseigentumsverwaltung

1. Gesetzliche Grundlagen

Bei der Verwaltung einer Wohnungseigentümergemeinschaft ist nicht nur das Wohnungseigentumsgesetz (WEG) zu beachten, sondern eine Vielzahl von anderen Gesetzen.

> ⇨ **BEISPIELE HÄUFIG ANGEWENDETER GESETZE**

- **BGB (Bürgerliches Gesetzbuch)**
  Verschiedene Vorschriften des BGB wirken sich auf die Verwaltung von Wohnungseigentümergemeinschaften aus (zum Beispiel Vereinbarungen zum Verwaltervertrag (AGB-Kontrolle) – § 305 ff. BGB, allgemeine Verjährungsfristen – § 195 BGB oder Formvorschriften, zum Beispiel Textform – § 126b BGB usw).

- **HeizkostenV (Heizkostenverordnung)**
  Die Abrechnung der Wärmeenergie ist auch bei Wohnungseigentümergemeinschaften zwingend nach der Heizkostenverordnung durchzuführen. Die Heizkostenverordnung ordnet unter anderem an, wie die in einem Kalenderjahr entstandenen Heizkosten bei einer Zentralheizung auf alle Wohnungseigentümer oder Mieter verteilt werden müssen.

- **BetrKV (Betriebskostenverordnung)**
  Die Betriebskostenverordnung enthält eine Übersicht aller Kosten, die der Vermieter in der Betriebskostenabrechnung auf den Mieter umlegen kann. Auch bei der Verwaltung von Wohnungseigentümergemeinschaften ist das Gesetz relevant, da in der Jahresabrechnung der Wohnungseigentümergemeinschaft grundsätzlich nach umlagefähigen und nicht umlagefähigen Kosten unterschieden wird. Die Betriebskostenverordnung enthält 17 umlagefähige Kostenpositionen (zum Beispiel Wasser, Strom, Müllgebühren, Aufzug, Heizung etc).

2. Begriffe der Wohnungseigentumsverwaltung

Um sich später mit den komplexen Vorschriften des Wohnungseigentumsgesetzes zurechtzufinden, sollen nachstehend die wichtigsten Begriffe erläutert werden:

Aufteilungsplan
Der Aufteilungsplan ist eine von der Baubehörde mit Unterschrift und Siegel oder Stempel versehene Bauzeichnung, aus der die Aufteilung des Gebäudes sowie die Lage und Größe, der im Sondereigentum und der im gemeinschaftlichen Eigentum stehenden Gebäudeteile ersichtlich ist; alle zu demselben Wohnungseigentum gehörenden Einzelräume (zum Beispiel auch der Kellerraum) sind mit der jeweils gleichen Nummer zu kennzeichnen. Seit Inkrafttreten der WEG-Reform zum 1.1.2020 sind Stellplätze sowie Grundstücksteile außerhalb des Gebäudes mit Maßangaben zu versehen.

Abgeschlossenheitsbescheinigung
Hierbei handelt es sich um eine Bescheinigung der Baubehörde, dass die Voraussetzungen des § 3 Absatz 3 WEG vorliegen.

> **§ 3 Absatz 3 WEG**
> Sondereigentum soll nur eingeräumt werden, wenn die *Wohnungen* oder *sonstigen Räume in sich abgeschlossen* sind und Stellplätze sowie außerhalb des Gebäudes liegende Teile des Grundstücks durch *Maßangaben* im Aufteilungsplan bestimmt sind.

Beschluss

Durch Beschlussfassung in einer Wohnungseigentümerversammlung erfolgt die Willensbildung einer Wohnungseigentümergemeinschaft. Beschlüsse sind vom Verwalter auszuführen.

Gemeinschaftseigentum

Gemeinschaftliches Eigentum im Sinne des Wohnungseigentumsgesetzes sind das Grundstück, das Gebäude sowie bestimmte Gebäudebestandteile, soweit sie nicht im Sondereigentum oder im Eigentum eines Dritten stehen.

Gemeinschaftsordnung

Die Gemeinschaftsordnung ist in der Regel eine Anlage zur Teilungserklärung und ergänzt Rechte und Pflichten der Wohnungseigentümer und des Verwalters. Die Gemeinschaftsordnung enthält regelmäßig Vereinbarungen, die vom Wohnungseigentumsgesetz abweichen.

Jahresabrechnung

Nach Ablauf des Kalenderjahres beschließen die Wohnungseigentümer über die Einforderung von Nachschüssen oder die Anpassung der beschlossenen Vorschüsse. Zu diesem Zweck hat der Verwalter eine Abrechnung über den Wirtschaftsplan (Jahresabrechnung) aufzustellen, die darüber hinaus die Einnahmen und Ausgaben enthält.

Miteigentumsanteil

Der Miteigentumsanteil drückt den Anteil am gemeinschaftlichen Eigentum aus. Zur Festlegung der Höhe der Miteigentumsanteile gibt es keine gesetzlichen Regelungen. Sie liegt im Ermessen des teilenden Eigentümers. Sie erfolgt entweder nach freier Entscheidung oder durch Berechnung nach Wohn- oder Nutzfläche, ggf. mit einem Wertkoeffizienten, um besondere Vor- oder Nachteile des jeweiligen Sondereigentums zu berücksichtigen. Gemäß § 16 Absatz 2 WEG werden die Kosten der Wohnungseigentümergemeinschaft von jedem Wohnungseigentümer nach dem Verhältnis seines Miteigentumsanteils getragen.

Ordnungsmäßige Verwaltung

Allgemein fallen unter die ordnungsmäßige Verwaltung Maßnahmen, die im Interesse aller Wohnungseigentümer auf die Erhaltung, Verbesserung und normale Nutzung des Wohnungseigentums gerichtet sind. Der Anspruch auf ordnungsmäßige Verwaltung ist unverjährbar.

Sondereigentum

Sondereigentum ist der Oberbegriff für das Eigentum in einer Wohnungseigentümergemeinschaft, welches den Wohnungseigentümern gehört (zum Beispiel Wohnungseigentum oder Teileigentum).

Sonderumlage

Wenn die finanziellen Mittel einer Wohnungseigentümergemeinschaft nicht ausreichen, um bestimmte Baumaßnahmen zu realisieren, müssen die Wohnungseigentümer eine Sonderzahlung leisten. In der Praxis wird diese Sonderzahlung auch Sonderumlage genannt, soweit sie zu Sondereigentum erklärt werden soll.

Sondernutzungsrecht

Einem oder mehreren Wohnungseigentümern wird das Recht eingeräumt, eine bestimmte Fläche des gemeinschaftlichen Eigentums unter Ausschluss der anderen Wohnungseigentümer allein zu nutzen bzw. zu gebrauchen (Beispiel: Wohnungseigentümer E bekommt das alleinige Sondernutzungsrecht an der Gartenfläche Nr. 1).

Teileigentum

Teileigentum ist das Sondereigentum an nicht zu Wohnzwecken dienenden Räumen eines Gebäudes in Verbindung mit dem Miteigentumsanteil an dem gemeinschaftlichen Eigentum, zu dem es gehört (zum Beispiel Garagen, Gewerbeeinheiten, Lagerräume etc). In der rechtlichen Behandlung bestehen zwischen Wohnungs- und Teileigentum grundsätzlich keine Unterschiede.

Teilungserklärung

Die Teilungserklärung im engeren Sinne teilt das Grundstück in Sondereigentum auf. Darüber hinaus können konkrete Sondernutzungsrechte zugunsten bestimmter Wohnungseigentümer vereinbart werden.

Wirtschaftsplan

Die Wohnungseigentümer beschließen über die Vorschüsse zur Kostentragung und Erhaltungsrücklagen oder durch Beschluss vorgesehenen Rücklagen. Zu diesem Zweck hat der Verwalter jeweils für ein Kalenderjahr einen Wirtschaftsplan aufzustellen, der darüber hinaus die voraussichtlichen Einnahmen und Ausgaben enthält.

Wohnungseigentum

Wohnungseigentum ist das Sondereigentum an einer Wohnung in Verbindung mit dem Miteigentumsanteil an dem gemeinschaftlichen Eigentum, zu dem es gehört. In der rechtlichen Behandlung bestehen zwischen Wohnungs- und Teileigentum grundsätzlich keine Unterschiede.

2 | Begründung von Wohnungseigentum

Wohnungseigentum entsteht nicht kraft Gesetzes, sondern durch Teilung eines bebauten oder unbebauten Grundstücks in verschiedene Miteigentumsanteile.

1. Grundlagen und Begriffe

Vertragliche Einräumung (§ 3 WEG)
Zwei oder mehrere Wohnungseigentümer räumen sich gegenseitig durch Vertrag Sondereigentum an bestimmten Räumlichkeiten ein **(= Einräumungsvertrag).** Die vertragliche Einräumung kann nur in Form der notariellen Beurkundung erfolgen. Des Weiteren müssen eine Abgeschlossenheitsbescheinigung und ein Aufteilungsplan vorliegen.

Teilung durch den Grundstückseigentümer (§ 8 WEG)
Bei der klassischen Teilung handelt es sich um eine einseitige Erklärung des Grundstückseigentümers gegenüber dem Grundbuchamt, der die Wohnungen oder nicht zu wohnzwecken dienenden Räume in Sondereigentum aufteilt **(= Teilungserklärung).** Für die Teilung reicht die öffentliche Beglaubigung.

Des Weiteren müssen eine Abgeschlossenheitsbescheinigung und ein Aufteilungsplan vorliegen.

Aufteilungsplan
Der Aufteilungsplan ist eine von der Baubehörde mit Unterschrift und Siegel oder Stempel versehene Bauzeichnung, aus der die Aufteilung des Gebäudes sowie die Lage und Größe, der im Sondereigentum und der im gemeinschaftlichen Eigentum stehenden Gebäudeteile ersichtlich ist; alle zu demselben Sondereigentum gehörenden Einzelräume sind mit der jeweils gleichen Nummer zu kennzeichnen. Seit Inkrafttreten

der WEG-Reform zum 1.12.2020 sind Stellplätze sowie Grundstücksteile außerhalb des Gebäudes mit Maßangaben zu versehen, soweit sie zu Sondereigentum erklärt werden sollen.

Muster eines Aufteilungsplans der Sondereigentumseinheit Nr. 1

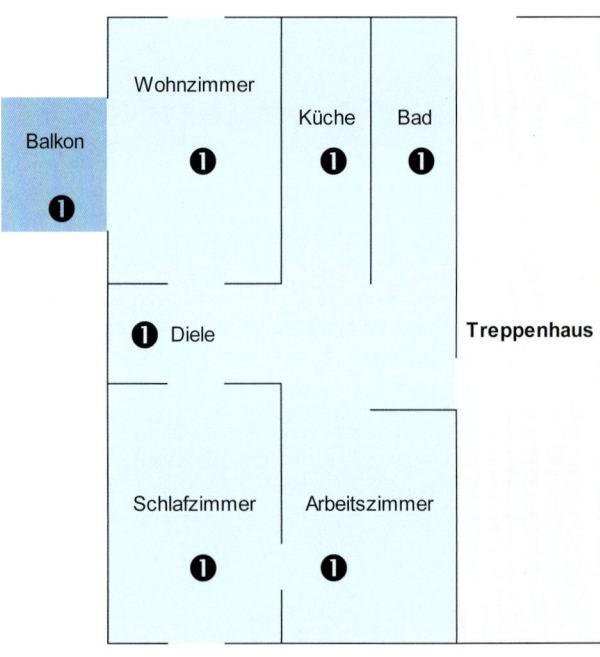

Abgeschlossenheitsbescheinigung
Hierbei handelt es sich um eine Bescheinigung der Baubehörde, dass die Voraussetzungen des § 3 Absatz 3 WEG vorliegen.

→ HINWEIS
Sobald ein Raum vier Wände, ein Dach und einen Zugang hat, wird dieser grundsätzlich auch die

Abgeschlossenheitsbescheinigung erhalten. Ausnahme seit dem 1.12.2020: Stellplätze und Grundstücksflächen im Freien können ohne Bildung eines besonderen Raums auch Sondereigentum sein. In den Aufteilungsplänen müssen entsprechende Maßangaben erfolgen.

Allgemeine Verwaltungsvorschrift für die Ausstellung von Bescheinigungen nach dem Wohnungseigentumsgesetz (AVA)

Aus der Allgemeinen Verwaltungsvorschrift für die Ausstellung von Bescheinigungen nach dem Wohnungseigentumsgesetz vom 6.7.2021 (kostenlos im Internet abrufbar) ergeben sich einige wichtige Regeln, die bei der Begründung von Wohnungs- und Teileigentum einzuhalten sind:

Wohnungseigentum/Teileigentum

Gemäß § 5 Absatz 1 AVA sind Wohnungen und nicht zu Wohnzwecken dienende Räume abgeschlossen, wenn sie

1. baulich vollkommen von fremden Wohnungen und Räumen abgetrennt sind (zum Beispiel durch Wände und Decken) und
2. einen eigenen abschließbaren Zugang unmittelbar vom Freien, von einem Treppenhaus oder einem Vorraum haben; der Zugang darf nicht über ein anderes Sondereigentum oder ohne dingliche Absicherung über ein Nachbargrundstück führen.
Zu einer abgeschlossenen Wohnung oder zu in sich abgeschlossenen, nicht zu Wohnzwecken dienenden Räumen können zusätzliche abschließbare Räume außerhalb des jeweiligen Abschlusses gehören.

Stellplätze/Außenflächen

Da Stellplätze und Außenflächen seit dem 1.12.2020 sondereigentumsfähig sind, regelt § 6 AVA, dass die Maßangaben zu Stellplätzen und Teilen des Grundstücks ermöglichen müssen, die Größe und Lage der zum Sondereigentum gehörenden Flächen ausgehend von den Grenzen des Grundstücks oder eines Gebäudes zu bestimmen. Das Sondereigentum an einem Stellplatz kann zu einer abgeschlossenen Wohnung oder zu in sich abgeschlossenen, nicht zu Wohnzwecken dienenden Räumen gehören. Wenn der Stellplatz über das gemeinschaftliche Eigentum zugänglich ist, kann er auch alleiniger Gegenstand einer Teileigentumseinheit sein.

Besonderheit: Duplexparker (zum Beispiel Duplex- oder Quadruplex-Anlage)

Auch der einzelne Stellplatz in einer Mehrfachparkanlage ist seit dem 1.12.2020 sondereigentumsfähig. In der Bauzeichnung muss jeder Stellplatz in einer Mehrfachparkanlage, an dem Sondereigentum begründet werden soll, eindeutig bezeichnet werden (zum Beispiel „Nr. 5 (oben)", „Nr. 6 (unten)"). Zulässig ist es auch, jede Ebene einer Mehrfachparkanlage wie ein eigenständiges Stockwerk darzustellen (zum Beispiel „obere Stellplätzen in den Mehrfachparkanlagen", „untere Stellplätze in den Mehrfachparkanlagen").

> ⚠ **WICHTIG**
> - Wohnungseigentum ist grundsätzlich zum Wohnen bestimmt.
> - Teileigentum ist grundsätzlich nicht zu Wohnzwecken gedacht.

2. Entstehung der Wohnungseigentümergemeinschaft

Rechtlich entsteht die Wohnungseigentümergemeinschaft bei einem Einräumungsvertrag mit Eintragung der Wohnungseigentümer in Abteilung I im Grundbuch.

Bei der einseitigen Teilung (Teilungserklärung) entsteht die Wohnungseigentümergemeinschaft seit dem 1.12.2020 mit der Anlage der Wohnungsgrundbücher, somit entsteht zunächst eine Ein-Personen-Gemeinschaft, die nur aus dem teilenden Eigentümer besteht. Die Vorschriften des Wohnungseigentumsgesetzes sind im vollen Umfang auf den teilenden Eigentümer (in der Regel ein Bauträger) anwendbar, auch wenn es noch keine anderen Wohnungseigentümer gibt.

Die später eintretenden Erwerber sind an die Beschlüsse des teilenden Eigentümers gebunden. Im Einzelfall besteht möglicherweise ein Anspruch der hinzukommenden Erwerber auf Aufhebung der Beschlüsse des teilenden Eigentümers, soweit gegen allgemeine Vorschriften oder Verbraucherschutz verstoßen wurde. Die Klärung, ob die Erwerber einen Anspruch auf Aufhebung eines vom aufteilenden Eigentümer gefassten Beschlusses haben, bleibt der Rechtsprechung überlassen.

3 Der Erwerb von Wohnungs- oder Teileigentum

Der Kaufvertrag über Wohnungs- oder Teileigentum bedarf der notariellen Beurkundung. Die Entscheidung für den Erwerb von Wohnungs- oder Teileigentum sollte allerdings nicht nur von dem Zustand oder der Lage des Objektes abhängig gemacht werden, vielmehr ist bei der Auswahl entscheidend, wichtige Informationen über die jeweilige Wohnungseigentümergemeinschaft einzuholen.

1. Wichtige Dokumente

Folgende Dokumente sollten vor der Beurkundung zwingend eingesehen und offene Fragen geklärt werden:

Teilungserklärung
Der Kaufgegenstand (Wohnungs- oder Teileigentum) sollte anhand der im Grundbuch eingetragenen Aufteilungspläne verglichen werden. Abweichungen sollten hinterfragt und mit dem Veräußerer, Makler oder Notar geklärt werden.

Gemeinschaftsordnung
Die Gemeinschaftsordnung ist als dinglicher Inhalt in das Grundbuch eingetragen, das heißt ein Erwerber ist stets an die dort eingetragenen Vereinbarungen gebunden und hat grundsätzlich keinen Anspruch auf eine Änderung der Gemeinschaftsordnung.

→ AUSNAHME
Nur unter besonderen Umständen kann jeder Wohnungseigentümer eine vom Gesetz abweichende Vereinbarung oder die Anpassung einer Vereinbarung verlangen, soweit ein Festhalten an der geltenden Regelung aus schwerwiegenden Gründen unter Berücksichtigung aller Umstände des Einzelfalles, insbesondere der Rechte und Interessen der anderen Wohnungseigentümer, unbillig erscheint (§ 10 Absatz 2 WEG).

Die Inhalte der Gemeinschaftsordnung werden Vereinbarungen genannt und können vom Wohnungseigentumsgesetz abweichende Regelungen enthalten oder besondere Vorgaben machen.

> ⇨ **BEISPIELE**
>
> - In der Gemeinschaftsordnung ist geregelt, dass der Erwerber gesamtschuldnerisch für Beitragsschulden des Veräußerers haftet. Diese Vereinbarung muss seit dem 1.12.2020 in das Bestandsverzeichnis der Grundbücher eingetragen werden, damit der Sondernachfolger (Erwerber) daran gebunden ist. Für die Eintragung bestehender Vereinbarungen hat die Wohnungseigentümergemeinschaft eine Frist bis zum 31.12.2025 (§ 7 Absatz 3 WEG).
> - In der Gemeinschaftsordnung ist geregelt, dass die Hundehaltung verboten ist.
> - In der Gemeinschaftsordnung ist geregelt, dass das Aufstellen von Gartenhäusern auf der Sondernutzungsfläche untersagt ist.

Niederschriften (Protokolle)
Über jede Eigentümerversammlung ist ein Protokoll (Niederschrift) anzufertigen. Aus den Protokollen ist ersichtlich, welche Beschlüsse die Wohnungseigentümergemeinschaft in der Vergangenheit gefasst hat. Grundsätzlich bedürfen Beschlüsse zu ihrer Wirksamkeit gegen den Sondernachfolger (Erwerber) nicht der

Eintragung in das Grundbuch, so dass der Erwerber grundsätzlich an alle wirksamen Beschlüsse gebunden ist, auch wenn die in der Vergangenheit gefasst wurden.

> **⇨ BEISPIELE**
>
> - In der Eigentümerversammlung im Jahre 1998 wurde beschlossen, dass Markisen nur mit blauer Farbe installiert werden dürfen.
> - In der Eigentümerversammlung im Jahre 2019 wurde eine Sonderumlage in Höhe von 1.000.000 EUR beschlossen, die über einen Zeitraum von fünf Jahren von den Wohnungseigentümern einzuzahlen ist.

Beschluss-Sammlung

Seit dem 1.7.2007 müssen sämtliche Beschlüsse, Beschlüsse im schriftlichen Verfahren (Umlaufbeschluss) oder Gerichtsurteile und Vergleiche fortlaufend in die Beschluss-Sammlung eingetragen werden. Die Beschluss-Sammlung ist vom jeweiligen Verwalter zu führen und verschafft einen schnellen und transparenten Überblick aller Beschlüsse seit dem Jahr 2007. Soweit die Wohnungseigentümergemeinschaft vor dem Jahr 2007 gegründet wurde, müssen sämtliche Protokolle bzw. Niederschriften vor dem Jahr 2007 eingesehen werden.

Jahresabrechnung/Wirtschaftsplan

Durch Einsicht in die Jahresabrechnung und den Wirtschaftsplan kann die monatliche bzw. jährliche Belastung für das jeweilige Wohnungs- oder Teileigentum abgelesen werden. Insbesondere die Kostenverteilung und der Stand der Erhaltungsrücklage oder sonstige Rücklagen sind für eine Kaufentscheidung oder Kaufpreisverhandlung von Relevanz.

> **⇨ BEISPIEL**
>
> E interessiert sich für eine Eigentumswohnung (Baujahr 1969 mit erheblichem Instandsetzungsstau). Die Wohnungseigentümergemeinschaft besteht aus 15 Wohnungen und der Stand der Erhaltungsrücklage per 31.12.2020 beträgt lediglich 1.000 EUR.

> **☞ MERKE**
>
> Die Anforderung der oben genannten Dokumente ist nur mit einer Vollmacht des Veräußerers möglich. Ein gesetzliches Einsichtsrecht für Verwaltungsunterlagen besteht nur für den im Grundbuch eingetragenen Wohnungseigentümer (§ 18 Absatz 4 WEG).

Nach Beurkundung und Abwicklung des Kaufvertrages durch den Notar ändern sich die Eigentumsverhältnisse an dem Sondereigentum erst, wenn der oder die Erwerber in Abteilung I des Grundbuchs als Eigentümer eingetragen wurden. Der Eigentumswechsel tritt nämlich grundsätzlich erst mit der Grundbuchumschreibung in Kraft und nicht mit dem im Kaufvertrag vereinbarten Besitzübergang, der in der Regel mit der Schlüsselübergabe verbunden ist.

Ausnahmen sind der Eigentumswechsel im Wege der Erbfolge, der Zuschlag in der Zwangsversteigerung oder der Erwerb vom Bauträger bzw. Aufteiler bei einer gerade gegründeten Wohnungseigentümergemeinschaft.

> **§ 8 Absatz 3 WEG**
>
> Wer einen *Anspruch auf Übertragung* von Wohnungseigentum gegen den *teilenden Eigentümer* hat, der durch Vormerkung im Grundbuch gesichert ist, gilt gegenüber der Gemeinschaft der Wohnungseigentümer und den anderen Wohnungseigentümern *anstelle des teilenden Eigentümers als Wohnungseigentümer,* sobald ihm der Besitz an den zum Sondereigentum gehörenden Räumen übergeben wurde.

> **⚠ WICHTIG**
>
> Seit dem 1.12.2020 entsteht die Wohnungseigentümergemeinschaft mit Anlage der Grundbücher (§ 9a Absatz 2 Satz 2 WEG). Bei direktem Erwerb vom teilenden Eigentümer ist die Grundbuchumschreibung in Abteilung I entbehrlich und der Erwerber wird, wenn die Voraussetzungen des § 8 Absatz 3 WEG vorliegen, wie ein eingetragener Wohnungseigentümer behandelt. Die gesetzliche Vorschrift bezieht sich

aber nur auf das Innenverhältnis, das heißt Dritte, insbesondere Gläubiger der Wohnungseigentümergemeinschaft, greifen bis zur Grundbuchumschreibung auf den Erwerber in Abteilung I, weiterhin auf den Aufteiler zurück, der dann im Innenverhältnis mit dem Erwerber eine Klärung herbeiführen muss.

2. Checkliste Eigentümerwechsel (bereits bestehende Wohnungseigentümergemeinschaft)

Zwischen dem vertraglich vereinbarten Besitzübergang und der Eigentumsumschreibung im Grundbuch in Abteilung I liegen oft mehrere Monate, sodass folgende wichtige Punkte berücksichtigt werden müssen:

✓ Eigentümerversammlung
Grundsätzlich dürfen nur Personen an der Eigentümerversammlung teilnehmen und das Stimmrecht ausüben, die auch im Grundbuch als Eigentümer eingetragen sind. Die Verwaltung kann die Einladung zur Eigentümerversammlung daher nur an den im Grundbuch eingetragenen Eigentümer verschicken. Sollte während oder nach Versendung der Einladung die Eigentumsumschreibung stattfinden, kann der Erwerber an der Eigentümerversammlung teilnehmen.

Der Veräußerer kann dem Erwerber eine Vollmacht zur Teilnahme an der Eigentümerversammlung ausstellen. Diese Vollmachterteilung ist allerdings nur möglich, wenn die Gemeinschaftsordnung keine Vertretungsbeschränkung (zum Beispiel nur auf Miteigentümer oder Ehegatten) bestimmt. Soweit eine Vertretungsbeschränkung in der Gemeinschaftsordnung vorhanden ist, kann die Wohnungseigentümergemeinschaft dem Erwerber gestatten, als Gast an der Wohnungseigentümerversammlung teilzunehmen. Der Erwerber darf dann allerdings nicht an den Abstimmungen teilnehmen.

✓ Zahlung von Vorschüssen gemäß Wirtschaftsplan
Die aus dem Wirtschaftsplan beschlossenen Vorschusszahlungen sind von demjenigen zu zahlen, der zum Zeitpunkt der Fälligkeit im Grundbuch in Abteilung I eingetragen ist (Fälligkeitstheorie).

⇨ **BEISPIEL**

Bis zum 30.9.2020 war V Wohnungseigentümer der Wohnung Nr. 1. V hat bis zum 30.9.2020 kein Hausgeld an die Wohnungseigentümergemeinschaft gezahlt. Am 1.10.2020 wird E als neuer Wohnungseigentümer in das Grundbuch der Wohnung Nr. 1 eingetragen. E ist verpflichtet, die monatlich fällig werdenden Vorschüsse zur Kostentragung und Rücklagen ab dem 1.10.2020 an die Wohnungseigentümergemeinschaft zu zahlen. Für rückständige Vorschüsse zur Kostentragung und Rücklagen des E ist V nicht zuständig, da die Fälligkeit zur Vorschusszahlung vor der Eigentumsumschreibung lag.

✓ Jahresabrechnung
Gemäß ständiger Rechtsprechung des Bundesgerichtshofes muss stets eine Jahresabrechnung für ein Kalenderjahr und Sondereigentumseinheit erfolgen. Die Erstellung von zeitanteiligen Jahresabrechnungen ist nicht vorgesehen und unzulässig. Nach der vom Bundesgerichtshof aufgestellten Fälligkeitstheorie hat jeder Eigentümer für die Zahlungen aufzukommen, die während der Andauer seiner Eigentümerstellung fällig werden. Das bedeutet, die Abrechnungsspitze (Unterschiedsbetrag zwischen den Vorschüssen gemäß Wirtschaftsplan und den Gesamtkosten der jeweiligen Einheit) ist durch denjenigen zu zahlen, der zum Zeitpunkt der Fälligkeit der Einzelabrechnung im Grundbuch eingetragen ist.

⇨ **BEISPIEL**

Bis zum 30.9.2020 war V Wohnungseigentümer der Wohnung Nr. 1. Am 1.10.2020 wird E als neuer Wohnungseigentümer in das Grundbuch der Wohnung Nr. 1 eingetragen. Am 15.1.2021 erhält E die Jahresabrechnung für das Kalenderjahr 2020, welche mit einer Nachzahlung (negative Abrechnungsspitze) von 240,00 EUR abschließt. Nach Beschluss der Jahresabrechnung durch die Wohnungseigentümergemeinschaft ist E verpflichtet, die gesamte Nachzahlung in Höhe von 240,00 EUR an die Wohnungseigentümergemeinschaft zu erstatten. Die Vereinbarungen im Kaufvertrag zum Besitzübergang bzw. zu einer zeitanteiligen Abrechnung binden nur den Veräußerer und Erwerber im Innenverhältnis, eine Verrechnung nehmen die Parteien daher untereinander vor.

3. Checkliste Eigentümerwechsel (neu gegründete Wohnungseigentümergemeinschaft)

Bei einem Erwerb vom aufteilenden Eigentümer kann sich die Grundbuchumschreibung in Abteilung I längere Zeit hinziehen. Soweit für den Erwerber eine Auflassungsvormerkung in Abteilung II eingetragen und der Besitzübergang vollzogen wurde, wird der Erwerber im Innenverhältnis wie ein eingetragener Wohnungseigentümer behandelt.

Auflassungsvormerkung

Sicherungsinstrument in Abteilung II: Sicherung des schuldrechtlichen Anspruchs auf Übertragung des Eigentums an einem Grundstück (§ 883 BGB). Die Auflassungsvormerkung dient dem Schutz des Erwerbers, da sie verhindern soll, dass der Veräußerer das Sondereigentum ein weiteres Mal verkauft.

Wer einen Anspruch auf Übertragung von Wohnungseigentum gegen den teilenden Eigentümer hat, der durch Vormerkung im Grundbuch gesichert ist, gilt gegenüber der Gemeinschaft der Wohnungseigentümer und den anderen Wohnungseigentümern anstelle des teilenden Eigentümers als Wohnungseigentümer, sobald ihm der Besitz an den zum Sondereigentum gehörenden Räumen übergeben wurde.

✓ Eigentümerversammlung

Dem Erwerber steht das Teilnahme-, Rede-, Antrags- und Abstimmungsrecht in der Eigentümerversammlung zu.

✓ Zahlung von Vorschüssen gemäß Wirtschaftsplan

Der Erwerber ist verpflichtet, die aus dem Wirtschaftsplan beschlossenen Vorschusszahlungen zu zahlen, die zum Zeitpunkt seines Eintritts in die Wohnungseigentümergemeinschaft fällig sind (Fälligkeitstheorie).

✓ Jahresabrechnung

Für die Jahresabrechnung gelten die gleichen Regeln wie bei dem Eigentümerwechsel einer bereits bestehenden Wohnungseigentümergemeinschaft.

4 System und Organe der Verwaltung

1. Grundlagen

Die Gemeinschaft muss die Bezeichnung Wohnungseigentümergemeinschaft oder Gemeinschaft der Wohnungseigentümer nebst der bestimmten Angabe des gemeinschaftlichen Grundstücks (in der Regel die postalische Adresse des Objektes) führen (zum Beispiel WEG Musterstraße 5, 40000 Musterstadt).

Bereits seit der WEG-Reform 2007 war die Wohnungseigentümergemeinschaft teilrechtsfähig, das heißt, die Wohnungseigentümergemeinschaft war im Außenverhältnis Träger des Verwaltungsvermögens und Vertragspartner gegenüber Dritten. Lediglich die Rechtsbeziehungen im Innenverhältnis warfen einige Probleme auf.

Die Wohnungseigentümergemeinschaft ist für die Verkehrssicherungspflicht (zum Beispiel Durchführung des Winterdienstes) zuständig. Verletzt sie diese Verpflichtung, können sich Schadensersatzansprüche gegen diese ergeben, wobei der einzelne Wohnungseigentümer gemäß § 10 Absatz 8 WEG der Gemeinschaft nach dem Verhältnis seines Miteigentumsanteils für Verbindlichkeiten der Gemeinschaft haftet.

> ⚠ **WICHTIG**
>
> Gemäß § 9a Absatz 4 WEG haftet jeder Wohnungseigentümer einem Gläubiger nach dem Verhältnis seines Miteigentumsanteils (§ 16 Absatz 1 Satz 2 WEG) für Verbindlichkeiten der Gemeinschaft der Wohnungseigentümer, die während seiner Zugehörigkeit entstanden oder während dieses Zeitraums fällig geworden sind.

Da zu einer ordnungsmäßigen Erhaltung des gemeinschaftlichen Eigentums auch die Erfüllung der Verkehrssicherungspflicht gehört, kann der Verwalter nur im Innenverhältnis zur Wohnungseigentümergemeinschaft haften, wenn er diese Wahrnehmungspflicht nicht erfüllt.

Gemäß § 21 Absatz 1 WEG alte Fassung stand die Verwaltung des gemeinschaftlichen Eigentums den einzelnen Wohnungseigentümern zu. Diese Regelung führte in der Vergangenheit zu unzähligen Problemen und komplizierten Rechtsstreitigkeiten zwischen einzelnen Wohnungseigentümern bzw. dem Verwalter und einzelnen Wohnungseigentümern.

> → **HINWEIS**
>
> Seit dem 1.12.2020 gilt § 18 Absatz 1 WEG in einer neuen Fassung, wonach sich das bisherige Verwaltungssystem grundlegend verändert und die Verwaltung des gemeinschaftlichen Eigentums der Wohnungseigentümergemeinschaft obliegt.
>
> Träger der Verwaltung ist seit dem 1.12.2020 die Wohnungseigentümergemeinschaft und nicht mehr der Wohnungseigentümer.

2. Organe der WEG-Verwaltung

Die Verwaltung der Wohnungseigentümergemeinschaft wird durch ihre Organe durchgeführt:

1. die Wohnungseigentümer in ihrer Gesamtheit als Willensbildungsorgan, soweit der Verwalter nicht selbst Entscheidungen treffen darf;
2. der Verwalter als Ausführungs- und Vertretungsorgan;
3. der Verwaltungsbeirat als unterstützendes und überwachendes Organ.

Übersicht der Wohnungseigentumsverwaltung seit dem 1.12.2020

Direkte Ansprüche des einzelnen Wohnungseigentümers gegen den Verwalter oder andere Wohnungseigentümer kommen seit dem 1.12.2020 grundsätzlich nicht mehr in Betracht.

Die Wohnungseigentümergemeinschaft ist stets Adressat bei Ansprüchen im Zusammenhang mit der Verwaltung des gemeinschaftlichen Eigentums. Ob der Verwalter seine Pflichten im Verhältnis zu der Wohnungseigentümergemeinschaft verletzt hat, bleibt hiervon unberührt.

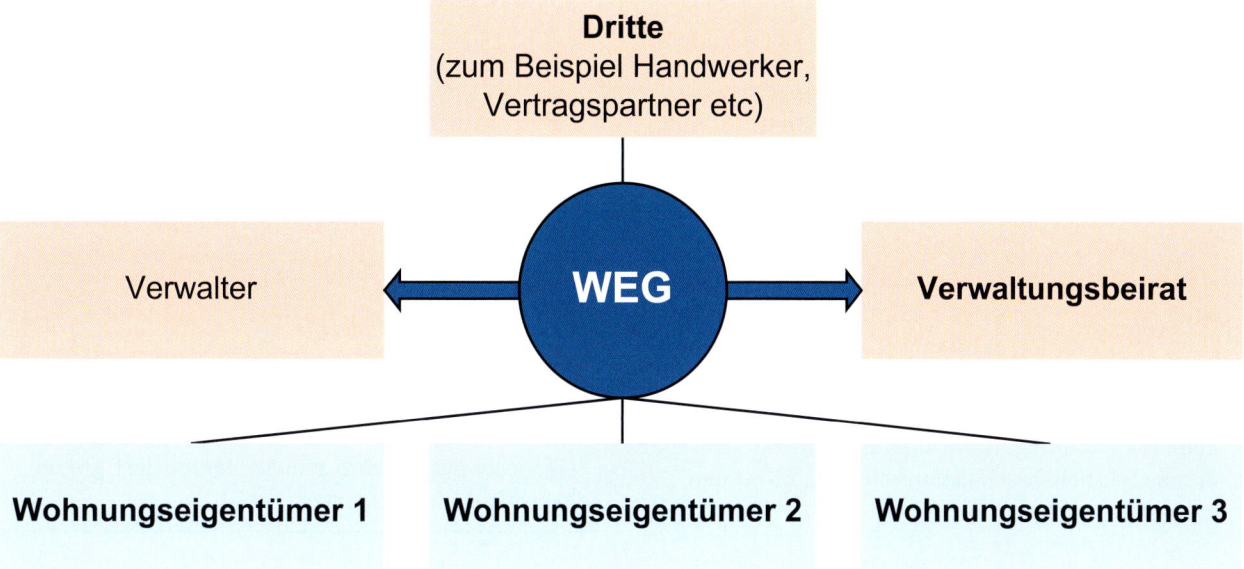

Dritte
(zum Beispiel Handwerker, Vertragspartner etc)

Verwalter ← **WEG** → **Verwaltungsbeirat**

Wohnungseigentümer 1 **Wohnungseigentümer 2** **Wohnungseigentümer 3**

➡ **BEISPIELE DER WESENTLICHEN VERÄNDERUNGEN SEIT DEM 1.12.2020**

Bauliche Veränderung
Wohnungseigentümer X führt eine ungenehmigte bauliche Veränderung am Gemeinschaftseigentum durch. Jeder Wohnungseigentümer konnte bis zum 30.11.2020 selbstständig den Anspruch auf Beseitigung gegen Wohnungseigentümer X geltend machen. Der Anspruch stand nicht der Wohnungseigentümergemeinschaft zu, sondern jedem Wohnungseigentümer. Seit dem 1.12.2020 kann nur noch die Wohnungseigentümergemeinschaft Beseitigungs- und Unterlassungsansprüche gegen den Störer geltend machen, soweit Gemeinschaftseigentum betroffen ist.

Erfüllungsgehilfen der Wohnungseigentümergemeinschaft
Die Wohnungseigentümergemeinschaft muss sich seit dem 1.12.2020 das Verschulden von beauftragten Dritten (zum Beispiel Handwerker, Sachverständige etc) anrechnen lassen. Der geschädigte Wohnungseigentümer kann sich nicht mehr an den Verursacher halten, sondern muss sich zunächst an die Wohnungseigentümergemeinschaft wenden, die dann durch Beschluss entscheiden kann, ob Sie den Anspruch gegen den Dritten geltend machen möchte.

Mangelhafte Beschlussdurchführung
Die Pflicht zur Durchführung von Beschlüssen der Wohnungseigentümer trifft nicht mehr den Verwalter direkt, sondern die Wohnungseigentümerge-

meinschaft. Soweit der Wohnungseigentümer mit der Beschlussumsetzung – aus welchen Gründen auch immer – nicht einverstanden ist, muss er sich an die Wohnungseigentümergemeinschaft halten.

Verstoß gegen ordnungsmäßige Verwaltung

Dem einzelnen Wohnungseigentümer stehen Schadensersatzansprüche nur noch gegen die Wohnungseigentümergemeinschaft wegen einer Verletzung der Pflicht zur ordnungsmäßigen Verwaltung zu. Dabei muss die Wohnungseigentümergemeinschaft dann jeweils Regress beim Verwalter, Dritten und auch den eigenen Wohnungseigentümern nehmen.

Zweckbestimmungswidrige Nutzung

Nach alter Rechtslage hatte jeder Wohnungseigentümer einen Individualanspruch gegen einen anderen Wohnungseigentümer auf Unterlassung einer zweckbestimmungswidrigen Nutzung des Sondereigentums. Mit Inkrafttreten der WEG-Reform zum 1.12.2020 steht dieser Anspruch nur noch der Wohnungseigentümergemeinschaft zu, das heißt die Wohnungseigentümergemeinschaft muss durch Mehrheitsbeschluss entscheiden, ob sie den Anspruch verfolgen möchten.

Auch seit Inkrafttreten der WEG-Reform zum 1.12.2020 kann eine Wohnungseigentümergemeinschaft Unterlassungsansprüche einzelner Wohnungseigentümer wegen Störungen des Sondereigentums auch dann nicht durch Beschluss an sich ziehen, wenn zugleich das Gemeinschaftseigentum von den Störungen betroffen ist (zum Beispiel Bundesgerichtshof, Urteil vom 24.1.2020 – V ZR 295/16).

Verstößt ein Mieter gegen eine vereinbarte oder beschlossene Gebrauchsregelung hinsichtlich der Nutzung des gemeinschaftlichen Eigentums, kann der Unterlassungsanspruch (§ 1004 BGB) weiterhin direkt gegen diesen Mieter geltend gemacht machen. Dies gilt auch, wenn ein Mieter gegen die in der Teilungserklärung vereinbarte Zweckbestimmung verstößt.

⇨ **BEISPIEL**

In der Teilungserklärung ist geregelt, dass das Teileigentum nur als Büro genutzt werden darf. Mieter M eröffnet ein Restaurant.

5 | Teilungserklärung und Gemeinschaftsordnung

Die Teilungserklärung im engeren Sinne erfasst die Daten des bisherigen Grundstückseigentümers sowie die Grundbuchdaten des Grundstücks. Sie gibt auch die Erklärung der Teilung durch den bisherigen Grundstückseigentümer wieder und beschreibt die Teilung des Grundstücks in die verschiedenen Miteigentumsanteile, die mit dem jeweiligen Sondereigentum an bestimmten Räumlichkeiten in einer Wohnung bzw. im Keller verbunden werden.

Bei der Teilung des Grundstücks wird neben der Teilungserklärung im engeren Sinne die sogenannte Gemeinschaftsordnung errichtet. Die Gemeinschaftsordnung kann vom Gesetz abweichende Regelungen bezüglich des Gemeinschaftsverhältnisses enthalten.

→ **HINWEIS**
In der Praxis spricht man auch oft von der „Verfassung der Wohnungseigentümergemeinschaft".

Die Regelungen der Gemeinschaftsordnung werden zum Inhalt des Sondereigentums gemacht. Sie werden also zum einen in der Gemeinschaftsordnung, zum anderen als Inhalte des Sondereigentums im Grundbuch aufgenommen, sodass auch alle späteren Erwerber (sogenannte „Sondernachfolger", an diese Regelungen gebunden sind. Ansonsten bestimmt sich das Verhältnis der Wohnungseigentümer untereinander nach den Vorschriften des WEG sowie nach den Vorschriften des BGB, soweit das Wohnungseigentumsgesetz keine besonderen Bestimmungen dazu enthält.

→ **HINWEIS**
Die Teilungserklärung mit ihren beiden Bestandteilen (Teilungserklärung im engeren Sinne und Gemeinschaftsordnung) sind in der Regel eine Anlage zum Kaufvertrag.

1. Die Gemeinschaftsordnung und ihre Vereinbarungen

Die in der Gemeinschaftsordnung enthaltenen Regelungen nennt man Vereinbarungen. Zur Begründung oder Aufhebung einer Vereinbarung ist die Zustimmung aller im Grundbuch eingetragenen Wohnungseigentümer (Allstimmigkeit) in Form einer Vereinbarung – nicht Beschluss – notwendig.

Damit eine Vereinbarung gegenüber Sonderrechtsnachfolgern (= Erwerber) gültig wird, trägt man sie als Inhalt des Sondereigentums ins Grundbuch ein.

Typische Vereinbarungen in den Gemeinschaftsordnungen:
- Änderung des Stimmrechts (zum Beispiel Umstellung vom gesetzlichen Kopfstimmrecht auf Wertprinzip (Miteigentumsanteile),
- Änderungen von Regelungen zur Eigentümerversammlung (zum Beispiel Einschränkung des Vertreterkreises, Vorgaben zu Abstimmungen etc).

Soweit die Gemeinschaftsordnung eine Öffnungsklausel enthält, können Vereinbarungen grundsätzlich auch durch einen Beschluss der Wohnungseigentümer geändert werden.

> **Muster einer rechtsgeschäftlichen Öffnungsklausel in der Gemeinschaftsordnung:**
> „(...) Angelegenheiten, die einer Regelung im Wege einer Vereinbarung der Wohnungseigentümer bedürfen, insbesondere Änderungen gesetzlicher Regelungen und/oder in der Gemeinschaftsordnung/Teilungserklärung getroffener Vereinbarungen, können auch im Wege der Beschlussfassung der

> Versammlung der Wohnungseigentümer mit einer Mehrheit von 4/5 aller erschienenen bzw. durch Vollmachten vertretenen Sondereigentümer geregelt werden, soweit dadurch nicht gegen zwingendes Gesetz verstoßen oder in den Kernbereich des Sondereigentums eingegriffen wird. (...)."

Enthält die Gemeinschaftsordnung die oben genannte rechtsgeschäftliche Öffnungsklausel, müssen Beschlüsse, die auf der Grundlage dieser Öffnungsklausel gefasst wurden, seit dem 1.12.2020 in das Grundbuch eingetragen werden, damit der Sondernachfolger daran gebunden ist. Dies gilt auch für Altbeschlüsse, also Beschlüsse, die vor dem 1.12.2020 gefasst wurden (Übergangsfrist für die Eintragung bis 31.12.2025).

→ HINWEIS

> Eine Änderung oder Aufhebung einer Vereinbarung in der Gemeinschaftsordnung per Mehrheitsbeschluss wäre mangels Beschlusskompetenz nichtig, soweit keine Öffnungsklausel vorhanden ist.

2. Besondere Vereinbarung: Veräußerungszustimmung

Eine Vielzahl von Gemeinschaftsordnungen enthalten Bestimmungen, wonach die Veräußerung von Sondereigentum der Zustimmung des Verwalters bedarf (§ 12 WEG).

→ HINWEIS

> Die Zustimmung darf nur aus wichtigem Grund verweigert werden.

Das wichtigste zur Verwalterzustimmung im Überblick:

- Die Zustimmung bezieht sich stets auf den Erwerber und nicht auf den Veräußerer, insbesondere muss der Erwerber persönlich und finanziell zuverlässig sein.
- Die notwendigen Informationen über den Erwerber sind beim Veräußerer zu erfragen.
- Bis zur Abgabe der Zustimmung ist der Veräußerungsvertrag über das Sondereigentum schwebend unwirksam.

- Die Zustimmungserklärung sollte unverzüglich, das heißt ohne schuldhaftes Zögern erteilt werden.
- Versagungsgründe sollten grundsätzlich innerhalb von zwei Wochen sorgfältig durch den Verwalter geprüft werden.
- Die Zustimmungserklärung des Verwalters und der Nachweis seiner Verwalterbestellung werden in Form des § 29 GBO (Grundbuchordnung) – also mindestens in öffentlich beglaubigter Form – beim Grundbuchamt eingereicht.
- Mögliche Versagungsgründe: Gefahr der zweckbestimmungswidrigen Nutzung (zum Beispiel zweckwidrige Nutzung als Bordell), Zugehörigkeit zu einer verbotenen Organisation, fehlende Bereitschaft zur Einordnung in die Hausgemeinschaft durch einen Erwerber, der bereits Wohnungseigentümer ist, Erwerber kann seinen Zahlungsverpflichtungen nicht nachkommen.
- Die Kosten, die im Zusammenhang mit der Verwalterzustimmung entstehen, sind grundsätzlich von der Wohnungseigentümergemeinschaft zu übernehmen (Unterschriftsbeglaubigung unter der Verwalterzustimmung und eine etwaige Sondervergütung des Verwalters gemäß dem abgeschlossenen Verwaltervertrag). Auch wenn der Verwalter in erster Linie Kostenschuldner gegenüber dem Notar ist, kann er diesen Aufwand an die Wohnungseigentümergemeinschaft weitergeben. Die Wohnungseigentümergemeinschaft kann gemäß § 16 Absatz 2 WEG beschließen, dass die vorgenannten Kosten dem Verursacher, also dem ausscheidenden Wohnungseigentümer, belastet werden.

→ HINWEIS

> Als Zustimmungsberechtigter kann in der Vereinbarung auch der Verwaltungsbeirat oder ein anderer Dritter (zum Beispiel die Wohnungseigentümer selbst) benannt sein.

Das Zustimmungserfordernis kann durch einfachen Mehrheitsbeschluss der Wohnungseigentümergemeinschaft aufgehoben und im Grundbuch gelöscht werden. Hierfür muss dem Grundbuchamt die Niederschrift mit dem Beschluss der Löschung in öffentlich beglaubigter Form vorgelegt werden.

6 Ordnungsmäßige Verwaltung

Zum Schutz der Wohnungseigentümer wurde der Begriff der „ordnungsmäßigen Verwaltung" geschaffen.

> ⚠ **WICHTIG**
>
> **Jeder Wohnungseigentümer kann von der Wohnungseigentümergemeinschaft eine Verwaltung des gemeinschaftlichen Eigentums sowie eine Benutzung des gemeinschaftlichen Eigentums und des Sondereigentums verlangen, die dem Interesse der Gesamtheit der Wohnungseigentümer nach billigem Ermessen (ordnungsmäßige Verwaltung und Benutzung) und, soweit solche bestehen, den gesetzlichen Regelungen, Vereinbarungen und Beschlüssen entsprechen.**

1. Begriff der ordnungsmäßigen Verwaltung

Bei der ordnungsmäßigen Verwaltung handelt es sich um einen unbestimmten Rechtsbegriff. Daher muss jeder Einzelfall gesondert betrachtet und Hinblick auf einen Verstoß durchgesetzt werden. Erste Orientierungspunkte für eine ordnungsmäßige Verwaltung ergeben sich aus § 19 Absatz 2 WEG, wobei dieser Katalog nicht abschließend ist und lediglich ein Grundgerüst darstellt:

Zur **ordnungsmäßigen Verwaltung und Benutzung** gehören insbesondere:

1. die Aufstellung einer Hausordnung,
2. die ordnungsmäßige Erhaltung des gemeinschaftlichen Eigentums,
3. die angemessene Versicherung des gemeinschaftlichen Eigentums zum Neuwert sowie der Wohnungseigentümer gegen Haus- und Grundbesitzerhaftpflicht,
4. die Ansammlung einer angemessenen Erhaltungsrücklage,
5. die Festsetzung von Vorschüssen nach § 28 Absatz 1 Satz 1 WEG sowie
6. die Bestellung eines zertifizierten Verwalters nach § 26a WEG, es sei denn, es bestehen weniger als neun Sondereigentumsrechte, ein Wohnungseigentümer wurde zum Verwalter bestellt und weniger als ein Drittel der Wohnungseigentümer (§ 25 Absatz 2 WEG) verlangt die Bestellung eines zertifizierten Verwalters.

> ⇨ **BEISPIELE FÜR EINEN VERSTOSS GEGEN EINE ORDNUNGSMÄSSIGE VERWALTUNG**
>
> - Die Mehrheit der Wohnungseigentümer lehnt in der Eigentümerversammlung den Abschluss einer Feuer- und Leitungswasserschadenversicherung ab. Der Beschluss verstößt gegen die ordnungsmäßige Verwaltung und kann im Wege einer Beschlussanfechtung bzw. Beschlussersetzungsklage – auch von der Minderheit – erfolgreich angefochten werden.
> - Die Mehrheit der Wohnungseigentümer beschließt in der Eigentümerversammlung, dass ab sofort keine Erhaltungsrücklage für Reparaturen gebildet wird. Der Beschluss verstößt gegen die ordnungsmäßige Verwaltung und kann im Wege einer Beschlussanfechtung bzw. Beschlussersetzungsklage – auch von der Minderheit – erfolgreich angefochten werden.
> - Das Dach hat eine Undichtigkeit und muss dringend repariert werden. In einer Eigentümerversammlung wird die Reparatur von der Mehrheit

der Wohnungseigentümer abgelehnt. Der Beschluss verstößt gegen die ordnungsmäßige Verwaltung und kann im Wege einer Beschlussanfechtung bzw. Beschlussersetzungsklage – auch von der Minderheit – erfolgreich angefochten werden.

2. Die Hausordnung

Die Wohnungseigentümergemeinschaft kann durch Mehrheitsbeschluss eine Hausordnung Inkraft setzen. In der Regel enthalten Hausordnungen Verhaltensvorschriften, mit denen der Schutz des Gebäudes, die Aufrechterhaltung von Sicherheit und Ordnung und die Erhaltung des Hausfriedens sichergestellt werden sollen.

Zu den **allgemeinen Regelungen einer Hausordnung,** die nicht willkürlich sein dürfen, gehören:
- Sorgfalts- und Sicherheitspflichten,
- Benutzungsregelungen für Räume (Treppenhaus, Sauna, Keller),
- Ruhezeitenregelungen (Einhaltung von Nacht- und Mittagsruhe),
- Regelungen über das Auf- und Abstellen von Gegenständen (Kinderwagen, Fahrräder),
- Tierhaltung (Beschränkung der Hundehaltung, kein generelles Verbot möglich).

Eine durch Mehrheitsbeschluss aufgestellte Hausordnung kann jederzeit durch einen neuen Beschluss mit einfacher Mehrheit geändert werden. Eine beschlossene Hausordnung ist nicht automatisch gegenüber Dritten – insbesondere Mietern – verbindlich (strittig). Ein vermietender Wohnungseigentümer ist aber dafür verantwortlich, dass auch sein Mieter sich an die Hausordnung hält.

→ HINWEIS
In Einzelfällen kommt es auch vor, dass die Hausordnung Bestandteil der Gemeinschaftsordnung ist. Eine durch Vereinbarung aufgestellte Hausordnung kann grundsätzlich nur durch Vereinbarung abgeändert oder aufgehoben werden, sofern die Auslegung der Vereinbarung ergibt, dass die Wohnungseigentümer ihre Beschlusskompetenz aus § 21 Absatz 3 WEG alte

Fassung beschränken und die Hausordnung mehrheitsfest machen wollten (Bärmann/Merle, 14. Aufl. 2018, WEG § 21 Rn. 78a).

Durchsetzung der Hausordnung
Der Verwalter ist berechtigt und verpflichtet, für die Durchführung der Hausordnung zu sorgen. Dabei muss er alle Wohnungseigentümer über den Inhalt der Hausordnung informieren, Beschwerden entgegennehmen und die störenden Wohnungseigentümer auf ihre Verstöße und mögliche Folgen hinweisen. Bei Bedarf leitet er nach Beschluss der Wohnungseigentümerversammlung die erforderlichen Maßnahmen gegen die störenden Wohnungseigentümer ein. Ein selbstständiges Recht des Verwalters zur Einleitung einer Klage sollte nicht bestehen, da der Rechtsstreit nicht von untergeordneter Bedeutung sein wird und möglicherweise auch zu einer erheblichen Verpflichtung führen kann.

3. Erhaltung des gemeinschaftlichen Eigentums

Die Erhaltung (Instandhaltung und Instandsetzung) des gemeinschaftlichen Eigentums ist in der Praxis der wichtigste Bereich. Jeder Wohnungseigentümer hat einen Anspruch auf eine ordnungsmäßige Erhaltung des gemeinschaftlichen Eigentums nach den anerkannten Regeln der Technik und in angemessener Zeit.

Erhaltung (Oberbegriff seit dem 1.12.2020):
Instandhaltung: pflegende, erhaltende und vorsorgende Maßnahmen.

Instandsetzung: Wiederherstellung des ursprünglichen Zustandes – aber auch die erstmalige Herstellung kann hierunter fallen.

Unklar ist noch, ob die modernisierende Instandsetzung seit dem 1.12.2020 unter die Erhaltungsmaßnahmen oder baulichen Veränderungen fällt.

Es gehört zu den Kernaufgaben des Verwalters, die für eine ordnungsgemäße Erhaltung erforderlichen Maßnahmen zu treffen, das heißt in erster Linie muss der Verwalter feststellen, ob und welche

Erhaltungsmaßnahmen erforderlich sind und die Wohnungseigentümer über die notwendigen Maßnahmen unterrichten. Grundsätzlich müssen für die verschiedenen Maßnahmen mehrere Vergleichsangebote eingeholt werden, sodass die Wohnungseigentümergemeinschaft die Freigabe der Maßnahme beschließen kann. Seit dem 1.12.2020 ist der Verwalter allerdings auch berechtigt – ohne Weisung bzw. Beschlussfassung der Wohnungseigentümergemeinschaft – die Maßnahmen ordnungsmäßiger Verwaltung zu treffen, die untergeordnete Bedeutung haben und nicht zu einer erheblichen Verpflichtung führen.

4. Versicherung

Gemäß § 19 Absatz 2 Nummer 3 WEG gehört zur ordnungsmäßigen Verwaltung der Abschluss einer angemessenen Versicherung des gemeinschaftlichen Eigentums (zum Beispiel Feuerversicherung, Leitungswasserschadenversicherung oder Elementarschadenversicherung) sowie eine angemessene Haus- und Grundbesitzerhaftpflichtversicherung.

5. Erhaltungsrücklage

Die Ansammlung einer Erhaltungsrücklage gehört gemäß § 19 Absatz 2 Nummer 4 WEG zu einer ordnungsgemäßen Verwaltung. Mit der Erhaltungsrücklage spart die Wohnungseigentümergemeinschaft entsprechende finanzielle Mittel zur Durchführung von Erhaltungsmaßnahmen an. Die Erhaltungsrücklage ist zweckgebunden, das heißt, sie darf grundsätzlich nur für Erhaltungsmaßnahmen verwendet werden.

→ HINWEIS

Die angesammelte Erhaltungsrücklage ist Vermögen der Wohnungseigentümergemeinschaft.

Das Wohnungseigentumsgesetz definiert nicht, was eine angemessene Erhaltungsrücklage sein kann. Nach der Rechtsprechung steht den Wohnungseigentümern ein weiter Ermessensspielraum zur Bestimmung einer angemessenen Höhe der Erhaltungsrücklage zu. Die Angemessenheit bestimmt sich nach den **besonderen Umständen des Einzelfalls:**

- baulicher Zustand der Wohnanlage,
- Alter und Erhaltungszustand der jeweiligen Gebäude,
- Anzahl der technischen Einrichtungen (zum Beispiel Aufzug, Heizung).

Bei neu gegründeten Wohnungseigentümergemeinschaften ist es wichtig, von Beginn an und kontinuierlich eine angemessene Erhaltungsrücklage anzusparen. Bei Bestandsobjekten erübrigen sich in der Regel aufwendige Diskussionen, da sich diese Objekte meistens in einem Stadium befinden, die eine Zuführung in angemessener Höhe unabdingbar machen.

Berechnungsmethoden der Zuführung zur Erhaltungsrücklage
In der Literatur wurden verschiedene Möglichkeiten erarbeitet, wie die Höhe einer angemessenen Erhaltungsrücklage ermittelt werden kann:

Formel von Peters
Die von *Heinz Peters* entwickelte Formel basiert auf folgenden Annahmen: Innerhalb von 80 Jahren benötigt man den 1,5-fachen Wert der Herstellungskosten für die Instandhaltung des Gebäudes.

$$\text{Baukosten (Beginn)} \times 1{,}5 \times 65\text{–}70\,\%$$
$$(\text{Gemeinschaftseigentum})$$
$$= \text{EUR/QM jährlich } 80\,(d) \times 100$$

Nachteile der Formel von Peters: Der Anteil am gemeinschaftlichen Eigentum kann in der Regel nur geschätzt werden. Die Baukosten sind oftmals eine unbekannte Größe.

Ansatz gemäß „II. Berechnungsverordnung"
Der § 28 II. Berechnungsverordnung bestimmt Sätze für die pauschalierte Höhe der Instandhaltungskosten je Quadratmeter, abhängig vom Baujahr des Gebäudes, wie folgt:

Als Instandhaltungskosten dürfen je Quadratmeter Wohnfläche im Jahr angesetzt werden:
1. für Wohnungen, deren Bezugsfertigkeit am Ende des Kalenderjahres weniger als 22 Jahre zurückliegt, höchstens 9,21 EUR,

---

2. für Wohnungen, deren Bezugsfertigkeit am Ende des Kalenderjahres mindestens 22 Jahre zurückliegt, höchstens 11,68 EUR,
3. für Wohnungen, deren Bezugsfertigkeit am Ende des Kalenderjahres mindestens 32 Jahre zurückliegt, höchstens 14,92 EUR.

Methode „von Hauff/Homann"

Die in den 1980er-Jahren von *Hauff* entwickelte Formel geht vom aktuellen Marktpreis eines Wohnungseigentums/Teileigentums aus und unterstellt, dass das Gemeinschaftseigentum circa 1/4 des Kaufpreises ausmacht. Der Planungshorizont wird auf 50 Jahre festgelegt.

$$\frac{\text{Marktpreis} / \text{qm} \times 0{,}25}{50}$$
$$= \text{IRZ (Zuweisung zur Erhaltungsrücklage)}$$

Festlegung der Zuführung durch mittelfristige Investitionsplanung

In der Praxis hat es sich bewährt, die mittelfristig zu erwartenden, umfangreicheren Erhaltungsmaßnahmen zum Gegenstand der Zuführung zur Erhaltungsrücklage zu machen. Den Wohnungseigentümern kann anstatt von abstrakten Formeln durch konkrete Beispiele dargelegt werden, welche Erhaltungsrücklage in einem Zeitraum von beispielsweise fünf Jahren zur Verfügung stehen muss.

Vorgehen bei einer mittelfristigen Investitions- und Finanzierungsplanung:
- Ermittlung der anstehenden Erhaltungsrücklagen über einen Zeitraum von fünf bis zehn Jahren,
- Einholung von entsprechenden Kostenvoranschlägen (gegebenenfalls fachliche Unterstützung durch einen Architekten),
- Erstellung einer Investitionsübersicht, Sparplan und Berechnung der Zuführung.

Verwaltung und Anlage der Erhaltungsrücklage

Der Verwalter führt die Konten, auf denen die Erhaltungsrücklage in der Regel angesammelt wird. Grundsätzlich ist der Verwalter verpflichtet, die Erhaltungsrücklage gewinnbringend, aber sicher anzulegen. Über die Art der Anlage können die Wohnungseigentümer durch Mehrheitsbeschluss entscheiden, insbesondere kann die Wohnungseigentümergemeinschaft entscheiden, ob der Verwaltungsbeirat beim Zahlungsverkehr der Erhaltungsrücklage mitwirken soll.

Entnahmen aus der Erhaltungsrücklage

Über die Entnahmen aus der Erhaltungsrücklage beschließen die Wohnungseigentümer mit einfachem Mehrheitsbeschluss.

6. Bestellung eines zertifizierten Verwalters

Mit der WEG-Reform 2020 wurde ein Anspruch auf Bestellung eines zertifizierten Verwalters eingeführt. Der Anspruch auf Bestellung eines zertifizierten Verwalters besteht allerdings erst ab dem 1.12.2022 (§ 19 Absatz 2 Nummer 6 WEG), darüber hinaus besteht der Anspruch nicht, wenn die Wohnungseigentümergemeinschaft aus weniger als neun Sondereigentumsrechten (das können auch Garagen und zukünftig auch Stellplätze sein) besteht und ein Wohnungseigentümer zum Verwalter bestellt wurde. In diesen „kleinen Wohnungseigentümergemeinschaften" kann allerdings auch ein Anspruch auf Bestellung eines zertifizierten Verwalters bestehen, wenn mindestens ein Drittel der Wohnungseigentümer dies verlangt. Hierbei ist das Kopfprinzip gemäß § 25 Absatz 2 WEG anzuwenden. Das Bundesministerium der Justiz und für Verbraucherschutz hat im Dezember 2021 eine Rechtsverordnung (Verordnung über die Prüfung zum zertifizierten Verwalter nach dem Wohnungseigentumsgesetz (Zertifizierter-VerwalterPrüfungsverordnung – ZertVerwV) erlassen, aus der sich nähere Bestimmungen zum zertifizierten Verwalter ergeben. Demnach sind folgende Personen von der IHK-Prüfung gemäß § 26a WEG in Verbindung mit § 7 ZertVerwV befreit:

Personen, welche
- die Befähigung zum Richteramt,
- eine abgeschlossene Berufsausbildung zur Immobilienkauffrau oder zum Immobilienkaufmann, zur Kauffrau oder zum Kaufmann in der Grundstücks- und Wohnungswirtschaft,

- einen anerkannten Abschluss Geprüfter Immobilienfachwirt/Geprüfte Immobilienfachwirtin, oder
- einen Hochschulabschluss mit immobilienwirtschaftlichem Schwerpunkt haben.

Der Kreis der Personen, die von der Prüfung befreit sind, ist eng gefasst.

Gemäß § 8 ZertVerwV dürfen sich juristische Personen und Personengesellschaften als zertifizierte Verwalter bezeichnen, wenn die bei ihnen Beschäftigten, die unmittelbar mit Aufgaben der Wohnungseigentumsverwaltung betraut sind, die Prüfung zum zertifizierten Verwalter bestanden haben oder nach § 7 ZertVerwV einem zertifizierten Verwalter gleichgestellt sind.

> **§ 26a WEG Zertifizierter Verwalter**
> (1) Als zertifizierter Verwalter darf sich bezeichnen, wer vor einer Industrie- und Handelskammer durch eine Prüfung nachgewiesen hat, dass er über die für die Tätigkeit als Verwalter notwendigen rechtlichen, kaufmännischen und technischen Kenntnisse verfügt.
> (2) Das Bundesministerium der Justiz und für Verbraucherschutz wird ermächtigt, durch Rechtsverordnung nähere Bestimmungen über die Prüfung zum zertifizierten Verwalter zu erlassen. In der Rechtsverordnung nach Satz 1 können insbesondere festgelegt werden:
> 1. nähere Bestimmungen zu Inhalt und Verfahren der Prüfung;
> 2. Bestimmungen über das zu erteilende Zertifikat;
> 3. Voraussetzungen, unter denen sich juristische Personen und Personengesellschaften als zertifizierte Verwalter bezeichnen dürfen;

> 4. Bestimmungen, wonach Personen aufgrund anderweitiger Qualifikationen von der Prüfung befreit sind, insbesondere weil sie die Befähigung zum Richteramt, einen Hochschulabschluss mit immobilienwirtschaftlichem Schwerpunkt, eine abgeschlossene Berufsausbildung zum Immobilienkaufmann oder zur Immobilienkauffrau oder einen vergleichbaren Berufsabschluss besitzen.

7. Checkliste: ordnungsmäßige Verwaltung

✓ Jeder Wohnungseigentümer kann von der Wohnungseigentümergemeinschaft eine ordnungsmäßige Verwaltung verlangen, insbesondere dann, wenn gegen den Katalog nach § 19 Absatz 2 WEG verstoßen wird oder ein Verstoß gegen Vereinbarungen und Beschlüsse vorliegt.

✓ Der Anspruch auf ordnungsmäßige Verwaltung kann im Wege der Beschlussanfechtungsklage und Beschlussersetzungsklage (§ 44 Absatz 1 WEG) durchgesetzt werden.

✓ Eine Beschlussanfechtungsklage muss innerhalb eines Monats nach der Beschlussfassung erhoben und innerhalb zweier Monate nach der Beschlussfassung begründet werden.

✓ Vor jeder Beschlussanfechtung sollte ein ausführliches Gespräch mit dem Verwalter oder ein Beratungsgespräch mit einem Fachanwalt für WEG- und Mietrecht geführt werden.

7 | Wem gehört was? Sonder- und Gemeinschaftseigentum

In der Praxis wird zwischen Räumen (zum Beispiel Treppenhaus etc) und Bauteilen bzw. Gebäudebestandteilen (zum Beispiel Treppenhausfenster etc) differenziert. Vereinfacht ausgedrückt kann über die Abgrenzung von Sondereigentum und Gemeinschaftseigentum auch die Verwaltungszuständigkeit und Kostentragung definiert werden.

Die räumliche Abgrenzung von Sonder- und Gemeinschaftseigentum erfolgt durch den sogenannten Aufteilungsplan. Der Aufteilungsplan muss bei der Begründung von Wohnungseigentum erstellt und der Baubehörde – bevor er als verbindlicher Inhalt in das Grundbuch eingetragen wird – vorgelegt werden. Darüber hinaus bescheinigt die Baubehörde, dass die im Aufteilungsplan angeführten Räume in sich abgeschlossen sind bzw. Stellplätze sowie außerhalb des Gebäudes liegende Teile des Grundstücks durch Maßangaben im Aufteilungsplan bestimmt sind. Das Wohnungseigentumsgesetz enthält eine Vielzahl von Definitionen (§§ 1, 3, 5 WEG) zu den Gebäudebestandteilen, die entweder Sonder- oder Gemeinschaftseigentum sein können.

→ MERKE

Grundsätzlich ist die Wohnungseigentümergemeinschaft oder der Verwalter nur für das Gemeinschaftseigentum zuständig. Kompetenzen in Bezug auf das Sondereigentum sieht das Wohnungseigentumsgesetz nicht vor!

Der Wohnungseigentümer ist für sein Sondereigentum zuständig und die Wohnungseigentümergemeinschaft hat keine Beschlusskompetenz Angelegenheiten des Sondereigentümers zu regeln (Bundesgerichtshof, Urteil vom 10.10.2014 – V ZR 315/13).

1. Was gehört dem Wohnungseigentümer?

Gegenstand des Sondereigentums sind in erster Linie die Räume und die zu diesen Räumen gehörenden Gebäudebestandteile, soweit sie ohne Beeinträchtigung des gemeinschaftlichen Eigentums verändert, beseitigt oder eingefügt werden können.

→ HINWEIS

Gebäudebestandteile, die Sondereigentum sein können, müssen sich zwingend im räumlichen Bereich des Sondereigentums befinden (zum Beispiel Wohnung, Keller oder Stellplätze und Außenflächen).

⇨ BEISPIELE FÜR RÄUME

- Wohnung und Keller,
- Gewerbe,
- Garage,
- Stellplätze in der Tiefgarage,
- **seit 1.12.2020:** Außenflächen,
- **seit 1.12.2020:** Stellplätze im Freien,
- **seit 1.12.2020:** Separater Stellplatz in einem Duplexparker.

Bis zum 30.11.2020 konnten nur Stellplätze in der Tiefgarage Sondereigentum sein (fingierte Abgeschlossenheit durch dauerhafte Markierungen, siehe § 3 Absatz 2 WEG alte Fassung). Kfz-Außenstellplätze im Freien und Außenflächen waren nicht sondereigentumsfähig und konnten somit niemals Sondereigentum sein. Trotzdem war es in der Praxis möglich, dass auch Kfz-Außenstellplätze oder Außenflächen (zum Beispiel Garten) nur von bestimmten Wohnungseigentümern genutzt werden durften. Dies wurde durch eine Vereinbarung von Sondernutzungsrechten erreicht.

> **Das Wichtigste zum Sondernutzungsrecht:**
> - Bis zum 30.11.2020 war die Vereinbarung von Sondernutzungsrechten verbreitet, das heißt bestimmte Wohnungseigentümer haben ein alleiniges Nutzungsrecht an gemeinschaftlichen Flächen (zum Beispiel Kfz-Stellplätze im Freien oder Gartenflächen) erhalten.
> - Die Instandhaltung und Instandsetzung dieser Flächen war in der Regel über Vereinbarungen in der Gemeinschaftsordnung geregelt. Gab es keine Vereinbarungen, verblieb die Instandhaltung und Instandsetzungspflicht inklusive der Kostenübernahme bei der Wohnungseigentümergemeinschaft.

Mit Inkrafttreten der WEG-Reform seit dem 1.12.2020 hat der Gesetzgeber das Prinzip der Abgeschlossenheit durchbrochen und neue Möglichkeiten zur Begründung von Sondereigentum an sämtlichen Stellplätzen und Außenflächen geschaffen.

Demnach gelten ab dem 1.12.2020 alle Stellplätze – unabhängig davon, ob sie sich in der Tiefgarage oder im Außenbereich befinden – als Räume und sind damit sondereigentumsfähig. Während sämtliche Stellplätze ein eigenes Teileigentumsgrundbuch und Miteigentumsanteil haben, können Außenflächen nicht selbstständig also als Sondereigentum existieren und sind stets mit der Wohnung oder dem Teileigentum verbunden.

→ **HINWEIS**
Bereits begründete Sondernutzungsrechte (bis 30.11.2020) an Kfz-Außenstellplätzen oder Außenflächen werden nicht automatisch Sondereigentum. In der Praxis sind daher zwei Konstellationen denkbar:

1. Der Aufteiler vereinbart weiterhin Sondernutzungsrechte und weist diese bestimmten Sondereigentumsrechten zu.
2. Der Aufteiler teilt die Kfz-Außenstellplätze und Außenflächen in Sondereigentum auf.

> ⇨ **BEISPIELE FÜR GEBÄUDEBESTANDTEILE, DIE IM SONDEREIGENTUM STEHEN**
> - Räume, der in sich abgeschlossenen Wohnung oder dem Teileigentum,
> - nichttragende Innenwände,
> - Putz, Tapeten, Deckenverkleidung,
> - Einbauschränke,
> - Innentüren in der Wohnung,
> - Sanitäreinrichtungen (zum Beispiel WC, Waschbecken).

2. Was gehört der Wohnungseigentümergemeinschaft?

Zum Gemeinschaftseigentum gehören alle Gegenstände, die Kraft Gesetz oder durch die Vereinbarung der Wohnungseigentümer vom Sondereigentum ausgeschlossen sind und sich nicht im Eigentum Dritter befinden.

Zwingend zum Gemeinschaftseigentum gehören:
- das Grundstück, soweit es nicht im Sondereigentum oder im Eigentum eines Dritten steht,
- Gebäudeteile, die für den Bestand oder die Sicherheit des Gebäudes erforderlich sind und
- Anlagen und Einrichtungen, die dem gemeinschaftlichen Gebrauch der Wohnungseigentümer dienen.

> ⇨ **BEISPIELE FÜR GEMEINSCHAFTLICHE RÄUME**
> - Hauseingang,
> - Treppenhaus,
> - gemeinschaftliche Kellergänge,
> - Kinderspielplatz.

> ⇨ **BEISPIELE FÜR GEBÄUDEBESTANDTEILE, DIE IM GEMEINSCHAFTSEIGENTUM STEHEN**
> - Fundamente, die tragenden Mauern und die Geschossdecken,
> - Dach, Fassade, Fenster (auch die in der Wohnung),
> - gemeinschaftliche Heizungsanlage,

- konstruktive Gebäudeteile des Balkons (zum Beispiel Balkonplatte, Entwässerung, Balkonbrüstung etc),
- Wohnungseingangstüre (innen und außen),
- Treppenhaus und Aufzug,
- Versorgungsleitungen Wasser / Heizung (bis zum ersten Absperrventil) in der Wohnung,
- Kanalisationsanlagen,
- Estrich in der Wohnung,
- Oberbodenbelag auf dem Balkon (soweit die Teilungserklärung nichts anderes regelt),
- Rollläden.

⚠ **WICHTIG**

Gebäudebestandteile, die nach der gesetzlichen Definition zwingend zum Gemeinschaftseigentum gehören, können niemals durch eine Vereinbarung in der Gemeinschaftsordnung zu Sondereigentum erklärt werden.

Es besteht lediglich die Möglichkeit, dass durch eine klare und eindeutige Vereinbarung in der Gemeinschaftsordnung die Zuständigkeit oder Kostentragung für die Erhaltung (Instandhaltung und Instandsetzung) bestimmter Gebäudebestandteile dem jeweiligen Wohnungseigentümer auferlegt wird.

Seit dem 1.12.2020 besteht gemäß § 16 Absatz 2 WEG auch die Möglichkeit, dass die Kostenverteilung durch einfachen Mehrheitsbeschluss geändert werden kann. Ein solcher Beschluss muss allerdings ordnungsmäßiger Verwaltung entsprechen.

⇨ **BEISPIEL 1**

In der Gemeinschaftsordnung wurde vereinbart: „Die Pflicht zur Instandhaltung und Instandsetzung der Fenster im Bereich des Sondereigentums obliegt dem jeweiligen Wohnungseigentümer auf seine Kosten."

Anmerkung: Mit dieser Vereinbarung ist sowohl eine Zuständigkeit als auch eine Kostentragung auf den Wohnungseigentümer übertragen worden.

⇨ **BEISPIEL 2**

In der Gemeinschaftsordnung wurde vereinbart: „Die Pflicht zur Instandhaltung der Fenster im Bereich des Sondereigentums obliegt dem jeweiligen Wohnungseigentümer auf seine Kosten."

Anmerkung: Unterscheidet die Gemeinschaftsordnung begrifflich zwischen Instandhaltung und Instandsetzung von Bauteilen, die zum Gemeinschaftseigentum gehören, und weist sie nur die Pflicht zu deren Instandhaltung einem Sondereigentümer zu, ist die Instandsetzung im Zweifel Sache der Gemeinschaft (Bundesgerichtshof, Urteil vom 9.12.2016 – V ZR 124/16).

⇨ **BEISPIEL 3**

In der Gemeinschaftsordnung wurde vereinbart: „Die Instandhaltung und Instandsetzungspflicht der Fenster nebst Rahmen in der Wohnung obliegt – mit Ausnahme des Außenanstrichs – dem jeweiligen Sondereigentümer."

Anmerkung: Weist die Gemeinschaftsordnung die Pflicht zur Instandhaltung und Instandsetzung der Fenster nebst Rahmen in dem räumlichen Bereich des Sondereigentums den einzelnen Wohnungseigentümern zu und nimmt dabei den Außenanstrich aus, ist eine vollständige Erneuerung der Fenster im Zweifel Sache der Gemeinschaft. (Bundesgerichtshof, Urteil vom 2.3.2012 – V ZR 174/11)

3. Checkliste: Sonder- und Gemeinschaftseigentum

- ✓ Der Wohnungseigentümer ist für sein Sondereigentum zuständig.
- ✓ Die Wohnungseigentümergemeinschaft ist für das gemeinschaftliche Eigentum zuständig.
- ✓ Wichtigster Grundsatz: Wesentliche Gebäudebestandteile können – auch nicht durch die Teilungserklärung – zu Sondereigentum erklärt werden.
- ✓ Die Gemeinschaftsordnung kann allerdings die Zuständigkeit und Kostentragung auf die Wohnungseigentümer abwälzen. Allerdings muss es hierfür eine

klare und eindeutige Vereinbarung geben. Gibt es Zweifel an der Auslegung, verbleibt die Zuständigkeit und Kostentragung bei der Wohnungseigentümergemeinschaft.

✓ Vorsicht: Laut Bundesgerichtshof (Urteil vom 14.6.2019 – V ZR 254/17) steht den Wohnungseigentümern kein Erstattungsanspruch zu, wenn Bauteile des gemeinschaftlichen Eigentums ohne Beschluss der Wohnungseigentümergemeinschaft ausgetauscht werden.

✓ Auch wenn der Wohnungseigentümer eine Maßnahme zur Instandsetzung oder Instandhaltung des Gemeinschaftseigentums in der irrigen Annahme durchführt, er habe diese als Sondereigentümer auf eigene Kosten vorzunehmen (zum Beispiel Fenstererneuerung), besteht ein solcher Anspruch nicht.

✓ Bei Unklarheiten – ob sich ein Bauteil im Sonder- oder im Gemeinschaftseigentum befindet – sollte unbedingt rechtlicher Rat eingeholt werden.

8 Der Verwalter

1. Qualifikation des Verwalters

Am 1.8.2018 ist zwar mit dem Gesetz zur Einführung einer Berufszulassungsregelung (§ 34c der Gewerbeordnung – GewO) eine Erlaubnispflicht für Wohnimmobilienverwalter, der Nachweis einer Berufshaftpflichtversicherung als Erlaubnisvoraussetzung und eine Weiterbildungspflicht von 20 Stunden in drei Jahren eingeführt worden, dass bedeutet indes nicht, dass für die Verwaltung von Wohnungseigentümergemeinschaften eine abgeschlossene Ausbildung (zum Beispiel Immobilienkaufmann / Immobilienkauffrau) erforderlich ist.

Bis zum 30.11.2020 enthielt das Wohnungseigentumsgesetz zur Qualifikation eines Verwalters keine Regelungen, sodass jede natürliche oder juristische Person – mit Ausnahme einer GbR – zum Verwalter bestellt werden konnte. Gewerblich tätige Verwalter mussten lediglich die Voraussetzungen der Berufszulassung erfüllen, was allerdings wenig über die fachlichen Kenntnisse bzw. Qualifikationen aussagt.

Mit Inkrafttreten der WEG-Reform seit 1.12.2020 regeln § 19 Absatz 2 Nummer 6 WEG und § 26a WEG, dass zukünftig ein Anspruch auf Bestellung eines zertifizierten Verwalters besteht. Als zertifizierter Verwalter darf sich bezeichnen, wer vor einer Industrie- und Handelskammer durch eine Prüfung nachgewiesen hat, dass er über die für die Tätigkeit als Verwalter notwendigen rechtlichen, kaufmännischen und technischen Kenntnisse verfügt. Weitere Einzelheiten regelt die Verordnung über die Prüfung zum zertifizierten Verwalter nach dem Wohnungseigentumsgesetz (Zertifizierter-VerwalterPrüfungsverordnung – ZertVerwV).

2. Vergütung des Verwalters

In der Wohnungseigentumsverwaltung ist die Berechnung der Vergütung nach Einheiten üblich. Die Grundvergütung ist in Deutschland allerdings nicht festgeschrieben, sondern unterliegt der Vertragsfreiheit und ist regional unterschiedlich. Die Grundvergütung pro Wohnung liegt bei Wohnungseigentümergemeinschaften ab einer Größe von 15 Wohnungen zwischen 20,00 EUR bis 40,00 EUR netto pro Wohnung (5,00 EUR bis 8,00 EUR netto pro Garagen / Stellplätze).

Zwischenzeitlich wurde durch den Bundesgerichtshof mehrfach bestätigt, dass der Verwalter nicht verpflichtet ist, eine pauschale Grundvergütung anzubieten, sondern er hat die Wahl, ob er der Wohnungseigentümergemeinschaft einen Vertrag mit einer Pauschalvergütung anbietet oder einen Vertrag mit einer in Teilentgelte aufgespaltenen Vergütung („Baukasten-System").

> **Pauschale Vergütung**
> Die pauschale Vergütung ist nicht mehr zeitgemäß. Die Anforderungen an die Verwalter steigen und eine Pauschale ist niemals fair, sie benachteiligt entweder die Wohnungseigentümergemeinschaft oder den Verwalter!

Unter dem Gesichtspunkt der ordnungsmäßigen Verwaltung erfordert eine solche Vergütungsregelung eine klare und transparente Abgrenzung derjenigen Aufgaben, die von einer vorgesehenen Grundvergütung erfasst sein sollen, von denen, die gesondert zu vergüten sind. Ferner muss bei den Aufgaben, die in jeder Wohnungseigentümergemeinschaft laufend anfallen, der tatsächliche Gesamtumfang der Vergütung erkennbar sein.

Beispiel des Baukastensystems anhand des Verwaltervertrages des vdiv nrw:

Leistung	Preisspalte 1 in Festvergütung enthalten	Preisspalte 2 Variable Vergütung	Preisspalte 3 Aufwendungsersatz
Formulierung der Einladung nebst Tagesordnung	👍		
Durchführung inklusive Übernahme des Versammlungsvorsitzes während der Bürozeiten	👍	ab ___ Uhr – Zuschlag pro Std. ___ EUR	
Versand der Niederschrift an alle Wohnungseigentümer	👍 bei digitaler Bereitstellung		bei Postversand: Porto + Schreibauslagen gemäß Vertrag

3. Bestellung des Verwalters

Die Bestellung eines Verwalters kann auf höchstens fünf Jahre vorgenommen werden, im Fall der ersten Bestellung nach der Begründung von Wohnungseigentum aber auf höchstens drei Jahre.

Die dreijährige Bestellung bei der Erstbegründung wurde mit der WEG-Reform 2007 von fünf auf drei Jahre geändert, weil im Neubaubereich die Gewährleistungsfristen gegenüber dem Bauträger (fünf Jahre) mit der Bestellzeit des vom Bauträger „eingesetzten Verwalters" korrespondierten und aufgrund der Nähe zum Bauträger eine objektive und den Interessen der Wohnungseigentümergemeinschaft fördernde Verfolgung der Gewährleistung gegebenenfalls gefährdet sein kann. Die Verkürzung der Erstbestellung soll verhindern, dass der vom Bauträger eingesetzte Verwalter zum Ablauf der Gewährleistung noch amtierender Verwalter ist, um sicherzustellen, dass der Verwalter die Ansprüche der Erwerber objektiv und effektiv verfolgt. Es obliegt dann der Entscheidung der Eigentümer, ob sie den Verwalter nach den ersten drei Jahren wiederbestellen wollen.

Die wiederholte Bestellung des Verwalters ist zulässig; sie bedarf eines erneuten Beschlusses der Wohnungseigentümer, der frühestens ein Jahr vor Ablauf der Bestellungszeit gefasst werden kann.

Soweit der Bestellungsbeschluss über die Dauer von fünf bzw. drei Jahren hinausgeht, ist dieser gemäß § 134 BGB nichtig, aber nach der einschlägigen Kommentierung bis zum Ablauf der Höchstfrist gültig; denn es ist anzunehmen, dass der Verwalter, der für einen längeren Zeitraum als fünf bzw. drei Jahre bestellt worden ist, wenigstens für den gesetzlich zulässigen Zeitraum von fünf bzw. drei Jahren bestellt sein soll. Nach der gesetzlichen Vorschrift kann der Verwalter sich also pro Amtsdauer maximal fünf Jahre an die Wohnungseigentümergemeinschaft binden.

Die Vergütung des Verwalters ergibt sich über den separat abzuschließenden Verwaltervertrag, während die Aufgaben und Befugnisse des Verwalters seit dem 1.12.2020 über Beschlüsse in der Eigentümerversammlung festgelegt werden (§ 27 Absatz 2 WEG).

4. Abschluss eines Verwaltervertrages (Trennungstheorie)

Die Verwalterbestellung ist streng von dem Abschluss des Verwaltervertrages zu trennen (= Trennungstheorie). Der Verwaltervertrag kommt durch Angebot und Annahme zustande und unterliegt grundsätzlich den Regelungen des BGB als Geschäftsbesorgungsvertrag. Nach der Rechtsprechung des Bundesgerichtshofs unterliegt ein formularmäßig abgeschlossener Verwaltervertrag den Bestimmungen der §§ 305 ff. BGB und damit der AGB-Inhaltskontrolle (Verbraucherschutz).

> **Wichtiges Urteil (Bundesgerichtshof, Urteil vom 25.3.2015 – VIII ZR 243/13)**
> Die Wohnungseigentümergemeinschaft ist im Interesse des Verbraucherschutzes der in ihr zusammengeschlossenen, nicht gewerblich handelnden natürlichen Personen dann einem Verbraucher

gemäß § 13 BGB gleichzustellen, wenn ihr wenigstens ein Verbraucher angehört und sie ein Rechtsgeschäft zu einem Zweck abschließt, der weder einer gewerblichen noch einer selbstständigen beruflichen Tätigkeit dient.

Widerrufsbelehrung: Seit der Entscheidung des Bundesgerichtshofs zur Verbrauchereigenschaft der Wohnungseigentümergemeinschaft wird in der Literatur darauf hingewiesen, dass die Wohnungseigentümergemeinschaft gemäß § 355 BGB den Verwaltervertrag ab dem Tage des Abschlusses mit einer Frist von 14 Tagen widerrufen kann.

Das Widerrufsrecht greift allerdings nur, wenn der Verwaltervertrag außerhalb der Geschäftsräume des Verwalters abgeschlossen wird, was die Regel ist. Ein Widerrufsrecht greift nicht, wenn der Vertrag im Geschäftsraum des Verwalters oder unter Abwesenden (beispielsweise via Brief oder E-Mail) geschlossen wird.

Das Widerrufsrecht wird in der Literatur noch kontrovers diskutiert, insbesondere weil der Widerruf in einer Wohnungseigentümerversammlung beschlossen werden muss, das heißt das Prozedere ist bei Vereinbarung der gesetzlichen Ladungsfrist von mindestens drei Wochen schwierig. Bis die ersten Gerichtsentscheidungen veröffentlicht werden, sollte die Widerrufsbelehrung wesentlicher Bestandteil des Verwaltervertrages sein. Fehlt die Widerrufsbelehrung, ist davon auszugehen, dass die Wohnungseigentümergemeinschaft den Verwaltervertrag gemäß § 356 Absatz 4 BGB wie folgt widerrufen kann:

> **§ 356 Absatz 4 BGB**
> Die Widerrufsfrist beginnt nicht, bevor der Unternehmer den Verbraucher entsprechend den Anforderungen des Artikels 246a § 1 Absatz 2 Satz 1 Nummer 1 oder des Artikels 246b § 2 Absatz 1 des Einführungsgesetzes zum Bürgerlichen Gesetzbuche unterrichtet hat. Das Widerrufsrecht erlischt spätestens zwölf Monate und 14 Tage nach dem in Absatz 2 oder § 355 Absatz 2 Satz 2 genannten Zeitpunkt. Satz 2 ist auf Verträge über Finanzdienstleistungen nicht anwendbar.

5. Abberufung des Verwalters

Bis zum 30.11.2020 konnte die Abberufung des Verwalters ausdrücklich auf wichtige Gründe (zum Beispiel bei nicht ordnungsmäßiger Führung der Beschluss-Sammlung) beschränkt werden. Eine Abberufung und Kündigung des Verwaltervertrages war bis zum 30.11.2020 ohne konkreten Abberufungs- bzw. Kündigungsgrund nicht ohne weiteres möglich. Sofern allerdings keine abweichende Vereinbarung bestand, war die Abberufung des Verwalters jederzeit ohne Begründung möglich (ordentliche Abberufung), wobei die Laufzeit des Verwaltervertrages zu berücksichtigen war. Hatte der abberufene Verwalter seine Abberufung erfolgreich angefochten, hat er weiterhin einen entsprechenden Vergütungsanspruch, da er bis zur Aufhebung des Beschlusses gehindert war, sein Amt auszuüben. Der Verwalter musste sich allerdings ersparte Aufwendungen (zum Beispiel Ersparnis durch Wegfall der Wohnungseigentümergemeinschaft, Personalkosten: circa 20 Prozent) anrechnen lassen.

Die Abberufung des Verwalters kann seit dem 1.12.2020 (WEG-Reform) nicht mehr auf wichtige Gründe beschränkt werden. Die Wohnungseigentümergemeinschaft soll jederzeit die Möglichkeit haben, sich von einem Verwalter zu trennen. Die Vergütungsansprüche aus dem Verwaltervertrag bleiben hiervon zunächst unberührt, allerdings sieht § 26 Absatz 3 Satz 2 WEG vor, dass der Verwaltervertrag spätestens sechs Monate nach der Abberufung endet.

> ⇨ **BEISPIEL**
>
> Die Wohnungseigentümergemeinschaft M hat Verwalter V vom 1.12.2020 bis 30.11.2024 zum Verwalter bestellt. Der Verwaltervertrag hat eine Laufzeit vom 1.12.2020 bis 30.11.2022 und kann von beiden Seiten nur aus wichtigem Grund gekündigt werden. In der Eigentümerversammlung am 15.1.2021 wird Verwalter V zum 31.1.2021 abberufen. Wichtige Gründe gibt es dafür nicht. Gemäß § 26 Absatz 3 WEG endet der Vertrag mit dem Verwalter spätestens sechs Monate nach dessen Abberufung. Nach hier vertretener Auffassung somit am 31.7.2021, so dass sich für die Restlaufzeit noch Vergütungsansprüche abzüglich ersparter Aufwendungen (ca. 20 Prozent) des Verwalters ergeben.

6. Aufgaben des Verwalters

Nach dem Inhalt des Wohnungseigentumsgesetzes hat der Verwalter folgende **wesentliche Aufgaben:**

- Erteilung der Veräußerungszustimmung (soweit gemäß § 12 WEG in der Gemeinschaftsordnung vereinbart),
- Eintragung sämtlicher Beschlüsse in das Grundbuch, welche auf der Grundlage von rechtsgeschäftlichen Öffnungsklauseln in der Gemeinschaftsordnung gefasst wurden,
- Einhaltung der Grundsätze ordnungsmäßiger Verwaltung,
- Vorbereitung und Einberufung der jährlichen Wohnungseigentümerversammlung,
- Erstellung einer Niederschrift (Protokoll) über die jeweilige Wohnungseigentümerversammlung,
- Erstellung der Beschluss-Sammlung (§ 24 Absatz 7 WEG),
- Aufstellung des Wirtschaftsplans und Erstellung der Jahresabrechnung über den Wirtschaftsplan,
- Aufstellung eines Vermögensberichtes,
- Gewährung von Akteneinsicht als Vertreter der Wohnungseigentümergemeinschaft,
- Durchführung der Beschlüsse und einer vereinbarten oder beschlossenen Hausordnung,
- Maßnahme zur ordnungsmäßigen Erhaltung des gemeinschaftlichen Eigentums (inklusive Verkehrssicherung) zu treffen,
- Begehungen der Wohnungseigentumsanlage (mindestens einmal im Jahr oder bei Bedarf),
- eingenommene Gelder zu verwalten,
- alle Zahlungen und Leistungen zu bewirken und entgegenzunehmen, die mit der laufenden Verwaltung des gemeinschaftlichen Eigentums zusammenhängen,
- **Seit 1.12.2020:** Rechtzeitige Information an Drittnutzer von Wohnungseigentum bei Erhaltungs- oder sonstigen Baumaßnahmen durch die Wohnungseigentümergemeinschaft (§ 15 WEG). Ziel: Der Drittnutzer ist durch eine rechtzeitige Ankündigung verpflichtet, die Erhaltungs- und sonstigen Baumaßnahmen zu dulden,
- Beitreibung von Beitragsrückständen (Vorschüsse zur Kostentragung / Rücklagen und negative Abrechnungsspitzen, Sonderumlagen etc),
- Rechtzeitige Information der Wohnungseigentümergemeinschaft über die Rechtshängigkeit von Klagen.

Weitere Aufgaben ergeben sich seit dem 1.12.2020 aus dem umformulierten § 27 Absatz 1 WEG, wonach der Verwalter gegenüber der Wohnungseigentümergemeinschaft berechtigt und verpflichtet ist, die Maßnahmen ordnungsmäßiger Verwaltung zu treffen, die

- untergeordnete Bedeutung haben und nicht zu erheblichen Verpflichtungen führen oder
- die zur Wahrung einer Frist oder zur Abwendung eines Nachteils erforderlich sind.

Ob eine Verpflichtung erheblich ist, hängt von der Sichtweise eines durchschnittlichen Wohnungseigentümers in der konkreten Anlage ab. Maßgeblich ist deshalb nicht etwa die absolute Höhe der finanziellen Verpflichtung, sondern ob derjenige Teil der Verpflichtung, für den der einzelne Wohnungseigentümer nach § 9a Absatz 4 WEG einstehen muss, so bedeutsam ist, dass eine vorherige Beschlussfassung geboten ist. Mit der Größe der Anlage wächst in der Regel der Kreis der Maßnahmen, die der Verwalter eigenverantwortlich treffen kann und muss.

> ⇨ **BEISPIELE VON MASSNAHMEN OHNE BESCHLUSS**
>
> - Reparatur der Beleuchtung,
> - Entfernung von Unrat auf dem Grundstück,
> - Beseitigung von abgestorbenen Büschen etc.

> ⇨ **BEISPIEL VON LEHMANN-RICHTER/WOBST, WEG-REFORM 2020, RN. 480**
>
> „Die den Charakter des Gartens prägende Eiche ist schädlingsbefallen und muss gefällt werden. Das Fällen würde rund 600 Euro kosten. Die durchschnittliche Wirtschaftsplansumme beträgt 50.000 Euro." Der Verwalter muss – auch wenn die finanzielle Belastung auf den ersten Blick gering erscheint, einen Beschluss der Wohnungseigentümergemeinschaft einholen, weil das Fällen der Eiche für die Wohnungseigentümer eine beachtliche emotionale Bedeutung hat.

→ **HINWEIS**

Der Verwaltervertrag ist ein wichtiges Instrument für die klare und eindeutige Formulierung der Vergütung des Verwalters. Aufgaben, insbesondere Modalitäten (zum Beispiel Wertgrenzen bei der Auftragserteilung,

Abschluss von Versorgungs- und Dienstleistungsverträgen mit einer maximalen Laufzeit von / maximalem Kostenvolumen etc) werden seit dem 1.12.2020 über Beschlüsse in den Eigentümerversammlungen geregelt (§ 27 Absatz 2 WEG).

Weitere Meinungen aus der Literatur:
Einige Fachleute vertreten die Ansicht, dass keine erhebliche Verpflichtung vorliegt, wenn die Maßnahme im Bereich von 5 Prozent des Volumens des Wirtschaftsplans liegt (Dötsch/Schultzky/Zschieschack, WEG-Recht, 2021, Kap. 9 Rn. 101).

Faustregel Notgeschäftsführung des Verwalters:
Der Verwalter ist nur zu einem sofortigen Handeln berechtigt (ohne vorherigen Beschluss der Wohnungseigentümer), welche die Gefahrenlage beseitigen, nicht jedoch zur Vornahme oder Beauftragung von Arbeiten, die einer dauerhaften Beseitigung der Schadensursache dienen.

⇨ | **BEISPIELE**

1. Bei einer Objektbegehung stellt der Verwalter fest, dass alle Kinderspielgeräte marode sind. Notgeschäftsführung: marode Kinderspielgeräte abbauen oder den Spielplatz sicher absperren.
2. Am 24.12.2020 geht die zentrale Heizungsanlage kaputt. Notgeschäftsführung: Ergreifung von Maßnahmen, die dazu führen, dass die Wohnungseigentümer oder Mieter mit Wärme versorgt werden (zum Beispiel mobile Heizung).

7. Vertretungsbefugnisse des Verwalters im Außenverhältnis

Der Verwalter vertritt die Wohnungseigentümergemeinschaft im Außenverhältnis unbeschränkt (§ 9b WEG). Diese Vertretungsmacht kann im Außenverhältnis auch nicht eingeschränkt werden. Wer mit der Wohnungseigentümergemeinschaft, vertreten durch den Verwalter, einen Vertrag abschließt, muss nicht befürchten, dass die Vertretungsmacht des Verwalters nicht reicht.

Ausnahmen:
Abschluss eines Grundstückskauf- oder Darlehensvertrages (Kreditaufnahme durch die Wohnungseigentümergemeinschaft). Bei diesen Rechtsgeschäften müssen dem Dritten gegenüber stets die jeweiligen Beschlüsse der Wohnungseigentümergemeinschaft vorgelegt werden.

⇨ | **BEISPIEL 1**

Der Verwalter erteilt – ohne Beschluss der WEG – einen Auftrag zur Instandsetzung des Daches in Höhe von 25.000 EUR. Ab dem 1.12.2020 kann der Handwerker davon ausgehen, dass der Verwalter hierzu auch legitimiert ist. Ein Beschluss oder eine andere Legitimation hinsichtlich der Beauftragung muss der Verwalter nicht mehr vorweisen. Lediglich der Nachweis der Verwalterstellung kann verlangt werden. Regressansprüche – im Innenverhältnis – zur Wohnungseigentümergemeinschaft bleiben hiervon selbstverständlich unberührt.

⇨ | **BEISPIEL 2**

Möchte der Verwalter zukünftig ein offenes Fremdgeldkonto für eine Wohnungseigentümergemeinschaft anlegen, muss der jeweiligen Bank nur das Bestellungsprotokoll (§ 26 Absatz 4 WEG) vorgelegt werden. Die Bank kann aufgrund des § 9b Absatz 1 WEG darauf vertrauen, dass der Verwalter dieses Rechtsgeschäft durchführen darf.

Seit dem 1.12.2020 können einseitige Rechtsgeschäfte durch den Verwalter (zum Beispiel Kündigungen) von Dritten nicht mehr zurückgewiesen werden, denn die Vorschrift stellt noch mal klar, dass der Verwalter ein unbeschränkbares Vertretungsorgan ist. Die Vorschrift zur Ausstellung einer Verwaltervollmacht (Rechtslage bis zum 30.11.2020 – § 27 Absatz 6 WEG alte Fassung) ist damit entbehrlich und obsolet geworden.

Dem Verwalter gegenüber vertritt der Vorsitzende des Verwaltungsbeirats oder ein durch Beschluss dazu ermächtigter Wohnungseigentümer die Gemeinschaft der Wohnungseigentümer (zum Beispiel beim Abschluss des beschlossenen Verwaltervertrages).

8. Checkliste: Verwalter

✓ Jeder Wohnungseigentümer hat einen Anspruch auf eine ordnungsmäßige Verwaltung, die durch einen ordentlichen Verwalter ausgeführt werden sollte.

✓ Gewerbliche Verwalter benötigen von der zuständigen Behörde eine Zulassung gemäß § 34c GewO (Gewerbeordnung) und müssen sich angemessen versichern. Die Mindestversicherungssumme beträgt 500.000 EUR für jeden Versicherungsfall und 1.000.000 EUR für alle Versicherungsfälle eines Jahres.

✓ Gewerbliche Verwalter müssen sich seit dem 1.1.2018 innerhalb von drei Jahren 20 Stunden weiterbilden.

✓ Ab dem 1.12.2022 besteht ein Anspruch auf einen zertifizierten Verwalter (Ausnahme: WEG mit weniger als neun Einheiten und Verwaltung erfolgt durch einen Wohnungseigentümer).

✓ Bestellungsdauer: Erstbestellung bei Neubau maximal drei Jahre / Bestellung bei Bestandsimmobilien maximal fünf Jahre.

✓ Von der Bestellung ist der Verwaltervertrag zu unterscheiden (Trennungstheorie).

✓ Im Beschluss sollten die Rechte und Pflichten des Verwalters klar und deutlich geregelt werden.

✓ Es gibt keine festen Vergütungssätze. Der Verwaltervertrag inklusive Vergütung kommt durch Angebot und Annahme zustande.

✓ Bei der Neubestellung eines Verwalters müssen drei Vergleichsangebote vorliegen, bei der Wiederbestellung des amtierenden Verwalters nicht.

✓ Die Abberufung des Verwalters kann nicht mehr auf wichtige Gründe beschränkt werden. Der Verwalter kann somit jederzeit abberufen werden. Vorsicht: gegebenenfalls ergeben sich noch Vergütungsansprüche für den Verwalter (maximal sechs Monate nach der Abberufung).

✓ Der Verwalter ist auch berechtigt, jederzeit sein Amt niederzulegen. Wichtig ist nur, dass dies nicht zur Unzeit passiert, das heißt die Wohnungseigentümergemeinschaft darf nicht handlungsunfähig werden und muss die Möglichkeit haben, sich einen geeigneten Nachfolger zu suchen.

9 | Der Wohnungseigentümer

Der Gesetzgeber hat in den §§ 13, 14, 15, 16, 18 WEG konkrete Rechte und Pflichten festgelegt. Diese werden näher in diesem Abschnitt der Broschüre erläutert.

1. Rechte und Plichten des Wohnungseigentümers

Im Einzelnen ergeben sich für den Wohnungseigentümer folgende Rechte und Pflichten:

- **Nutzung des Sondereigentums:** Jeder Wohnungseigentümer kann, soweit nicht das Gesetz oder Rechte Dritter entgegenstehen, mit den im Sondereigentum stehenden Gebäudeteilen nach Belieben verfahren, insbesondere diese bewohnen, vermieten, verpachten oder in sonstiger Weise nutzen und andere von Einwirkungen ausschließen.

> ⚠ **VORSICHT**
>
> Die Gemeinschaftsordnung kann Einschränkungen erhalten.

> ⇨ | **BEISPIEL**
>
> Bei der Vermietung der Wohnung ist die Zustimmung des Verwalters erforderlich.

- **Anspruch auf ordnungsmäßige Verwaltung:** Jeder Wohnungseigentümer kann eine ordnungsmäßige Verwaltung verlangen. Hierzu gehört auch die ordnungsgemäße Erhaltung des gemeinschaftlichen Eigentums. In der Praxis stellt sich oft die Frage, welche der von der Wohnungseigentümergemeinschaft favorisierten Maßnahme ordnungsgemäß ist und welche nicht mehr. Gibt es Mängel am gemeinschaftlichen Eigentum, hat jeder Wohnungseigentümer einen Anspruch auf eine fachgerechte und vollständige Beseitigung des Mangels. Den Anspruch kann er notfalls auch gerichtlich gegen die Mehrheit der anderen Wohnungseigentümer durchsetzen (§ 44 Absatz 1 WEG). Problematisch sind die Sachverhalte, in denen es auf den ersten Blick mehrere Lösungsvorschläge gibt und die Wohnungseigentümergemeinschaft eine Auswahlmöglichkeit hat – oftmals wird nämlich die leichtere und günstigere Lösung gewählt.

- **Notgeschäftsführung:** Gemäß § 18 Absatz 3 WEG ist jeder Wohnungseigentümer berechtigt, ohne Zustimmung der anderen Wohnungseigentümer die Maßnahmen zu treffen, die zur Abwendung eines dem gemeinschaftlichen Eigentum unmittelbar drohenden Schadens notwendig sind. In der Praxis ist oft streitig, ob die vom Eigentümer gewählte Maßnahme tatsächlich eine Notmaßnahme war oder ob noch genügend Zeit bestand, den Verwalter entsprechend zu informieren, der die Sachlage dann prüft und alles Notwendige veranlasst.

> ⇨ | **BEISPIEL**
>
> Am 24.12.2020 gegen 19.45 Uhr entdeckt der Wohnungseigentümer einen Rohrbruch im Badezimmer. Selbstverständlich kann der Wohnungseigentümer einen Sanitärnotdienst beauftragen, den Rohrbruch zu beseitigen bzw. Maßnahmen einzuleiten, die weitere Schäden verhindern. Allerdings sollte der betroffene Wohnungseigentümer dem Verwalter sofort per Brief, Fax oder E-Mail unterrichten, dass das Schadensereignis stattgefunden hat, damit der Verwalter den Schaden der Wohngebäudeversicherung zwecks Aufnahme und Regulierung melden kann.

- **Bauliche Veränderung des Sondereigentums:** Bauliche Veränderungen am / im Sondereigentum können grundsätzlich ausgeführt werden, soweit keinem anderen Wohnungseigentümer ein Nachteil entsteht. Hierbei sind die allgemeinen Vorschriften zur baulichen Veränderung zu beachten (§ 20 WEG).
- **Privilegierte bauliche Veränderung des Gemeinschaftseigentums:** Jeder Wohnungseigentümer kann angemessene bauliche Veränderungen (oder auch privilegierte bauliche Veränderungen) verlangen, die
  1. die dem Gebrauch durch Menschen mit Behinderungen,
  2. dem Laden elektrisch betriebener Fahrzeuge,
  3. dem Einbruchsschutz und
  4. dem Anschluss an ein Telekommunikationsnetz mit sehr hoher Kapazität

  dienen.

Über die Durchführung ist im Rahmen ordnungsmäßiger Verwaltung zu beschließen.

> ⚠ **WICHTIG**
>
> Der Wohnungseigentümer hat nur den Anspruch auf eine angemessene bauliche Veränderung. Über die Modalitäten (also Art und Umfang der vorgenannten privilegierten Maßnahmen) beschließt die Wohnungseigentümergemeinschaft. Die Gesetzesbegründung der WEG-Reform 2020 sieht sogar vor, dass die Wohnungseigentümergemeinschaft die Maßnahme auf Kosten des Antragstellers beschließen kann.
>
> Die Wohnungseigentümergemeinschaft kann deshalb im Rahmen ihres Ermessensspielraums etwa detaillierte Vorgaben für die bauliche Durchführung machen, die der Wohnungseigentümer zu berücksichtigen hat (zum Beispiel die Verwendung bestimmter Materialien oder die Vorgabe, Kabel unter Putz zu verlegen etc).

2. Checkliste Bauliche Veränderung (privilegierte Maßnahmen seit dem 1.12.2020)

- ✓ Dem Wohnungseigentümer steht ein Anspruch auf Beschlussfassung der privilegierten baulichen

Veränderungen (§ 20 Absatz 2 WEG) zu. Der Anspruch kann grundsätzlich auch gegen die Mehrheit der anderen Wohnungseigentümer durchgesetzt werden.
- ✓ Rechtzeitige Antragstellung beim Verwalter zur Aufnahme eines entsprechenden Tagesordnungspunktes für die Wohnungseigentümerversammlung. Zur Verdeutlichung sollten Angebote, Skizzen, Pläne oder Erläuterungen zu Art und Umfang der geplanten Maßnahme vorgelegt werden.
- ✓ In der Wohnungseigentümerversammlung wird zur Umsetzung der Maßnahme ein Gestattungsbeschluss nach § 20 Absatz 1 WEG (Mehrheit der abgegebenen Stimmen) benötigt.
- ✓ Die Wohnungseigentümergemeinschaft kann dem bauwilligen Wohnungseigentümer vorgeben, wie die beantragte Maßnahme umgesetzt wird.
- ✓ Die Wohnungseigentümergemeinschaft kann sogar beschließen, dass die Maßnahme auf Kosten des Antragstellers von der Wohnungseigentümergemeinschaft in Auftrag gegeben wird.
- ✓ Der bauwillige Wohnungseigentümer muss damit rechnen, dass er hierzu einen Vorschuss an die Wohnungseigentümergemeinschaft zahlen muss.
- ✓ Die Kosten der beantragten Maßnahme trägt der bauwillige Wohnungseigentümer nach § 21 Absatz 1 WEG allein. Dies schließt die Folgekosten der beantragten Maßnahme mit ein.
- ✓ Vorsicht bei Übernahme von Kosten von Erwerbern aus einer baulichen Veränderung: Soweit der Rechtsvorgänger (also Veräußerer) einer baulichen Veränderung zugestimmt hat, kann der Erwerber an Folgekosten der jeweiligen baulichen Veränderung beteiligt sein. Dieser Umstand sollte vor einem Erwerb ausführlich geklärt werden.
- ✓ **Sonstige bauliche Veränderungen des Gemeinschaftseigentums:** Nicht privilegierte bauliche Veränderungen könnten seit dem 1.12.2020 auch mit einfacher Mehrheit beschlossen werden. Sollte die einfache Mehrheit nicht zustande kommen, kann der Wohnungseigentümer die bauliche Veränderung verlangen, wenn keiner der anderen Wohnungseigentümer nachteilig betroffen ist bzw. benachteiligte Wohnungseigentümer ihr Einverständnis erklären. Die Einverständniserklärungen kann der bauwillige Wohnungseigentümer formlos bei den betroffenen Wohnungseigentümern einholen. Es ist allerdings zu empfehlen, dass die Einverständniserklärungen mindestens in Textform eingeholt werden sollten.

Es handelt sich um ein Zwei-Stufen-System, wonach der Gestattungsbeschluss der Wohnungseigentümergemeinschaft mit einfacher Mehrheit gemäß § 20 Absatz 3 WEG nur beansprucht werden kann, wenn das Einverständnis der nachteilig betroffenen Wohnungseigentümer vorliegt. (Wichtig: Die Geltendmachung des Anspruchs gemäß § 20 Absatz 3 WEG ist nur erforderlich, wenn kein Mehrheitsbeschluss für die Ausführung der baulichen Veränderung zustandekommt.)

3. Checkliste Bauliche Veränderung (alle anderen baulichen Veränderungen seit dem 1.12.2020)

✓ Sollte der Antrag auf eine bauliche Veränderung des bauwilligen Wohnungseigentümers die einfache Mehrheit nicht erreichen, muss dieser zunächst prüfen, ob bei der von ihm geplanten baulichen Veränderungen andere Wohnungseigentümer benachteiligt sind.

✓ Diese Prüfung ist im Zweifel nicht einfach und sollte durch einen fachkundigen Rechtsanwalt begleitet bzw. zumindest überprüft werden. Etwaige Kosten für den Rechtsanwalt muss der bauwillige Wohnungseigentümer übernehmen.

✓ Dem bauwilligen Wohnungseigentümer steht ein Anspruch auf Beschlussfassung der geplanten baulichen Veränderungen (§ 20 Absatz 3 WEG) nur zu, wenn kein Wohnungseigentümer beeinträchtigt oder die Einverständniserklärungen dieser Wohnungseigentümer vorliegen. Der Anspruch kann dann grundsätzlich auch gegen die Mehrheit der anderen Wohnungseigentümer durchgesetzt werden

✓ Rechtzeitige Antragstellung beim Verwalter zur Aufnahme eines entsprechenden Tagesordnungspunktes für die Wohnungseigentümerversammlung. Zur Verdeutlichung sollten Angebote, Skizzen, Pläne oder Erläuterungen zu Art und Umfang der geplanten Maßnahme vorgelegt werden.

✓ In der Wohnungseigentümerversammlung wird zur Umsetzung der Maßnahme ein Gestattungsbeschluss nach § 20 Absatz 1 WEG (Mehrheit der abgegebenen Stimmen) benötigt.

✓ Die Wohnungseigentümergemeinschaft kann dem bauwilligen Wohnungseigentümer bei dieser

baulichen Veränderung grundsätzlich nicht vorgeben, wie die beantragte Maßnahme umgesetzt wird.

✓ Die Kosten der beantragten Maßnahme trägt der bauwillige Wohnungseigentümer nach § 21 Absatz 1 WEG allein. Dies schließt die Folgekosten der beantragten Maßnahme mit ein.

✓ Eine bauliche Veränderung kann nur in zwei Fällen nicht beansprucht oder verlangt werden: Die Wohnanlage wird dadurch grundlegend umgestaltet bzw. ein Wohnungseigentümer ist unbillig benachteiligt.

✓ **Nutzung des gemeinschaftlichen Eigentums:** Jeder Wohnungseigentümer ist zum Mitgebrauch des gemeinschaftlichen Eigentums nach Maßgabe des § 18 Absatz 2 Nummer 2 WEG berechtigt.

✓ **Einsicht in die Verwaltungsunterlagen:** Jeder Wohnungseigentümer kann von der Wohnungseigentümergemeinschaft Einsicht in die Verwaltungsunterlagen verlangen (§ 18 Absatz 4 WEG). Das Einsichtsrecht umfasst alle Dokumente, die mit der WEG-Verwaltung zusammenhängen (zum Beispiel Verträge, Kontoauszüge, Pläne). Erfasst sind Papierdokumente, aber auch digitale Dokumente. Da der Verwalter die Wohnungseigentümergemeinschaft vertritt, wird das Einsichtsrecht grundsätzlich am Ort des Sitzes des Verwalters ausgeübt. Etwaige Kosten, die im Zusammenhang mit der Erstellung von Kopien anfallen, hat der Wohnungseigentümer zu übernehmen. Es ist aber auch möglich, dass der Wohnungseigentümer entsprechende Ablichtungen mit digitalen Geräten macht.

✓ **Wichtige Pflichten:** Jeder Eigentümer ist verpflichtet,

- die gesetzlichen Regelungen, Vereinbarungen und Beschlüsse einzuhalten, insbesondere im Sondereigentum stehenden Gebäudeteile so instandzuhalten und von diesen sowie vom gemeinschaftlichen Eigentum nur in solcher Weise Gebrauch zu machen, dass dadurch keinem der anderen Wohnungseigentümer ein Nachteil erwächst. Diese Pflicht sollte der Wohnungseigentümer auch auf seinen Mieter übertragen, soweit Sondereigentumseinheiten vermietet werden sollen.

- Einwirkungen auf die im Sondereigentum stehenden Gebäudeteile und das gemeinschaftliche Eigentum hat der Wohnungseigentümer zu dulden und das Betreten und die Benutzung der im Sondereigentum stehenden Gebäudeteile zu gestatten, soweit dies zur Instandhaltung und Instandsetzung des gemeinschaftlichen Eigentums erforderlich ist. Hat der Wohnungseigentümer eine Einwirkung zu dulden, die über das zumutbare Maß hinausgeht, kann er einen angemessenen Ausgleich in Geld verlangen.

- die Kosten der Gemeinschaft, insbesondere der Verwaltung und des gemeinschaftlichen Gebrauchs des gemeinschaftlichen Eigentums, nach dem Verhältnis der Miteigentumsanteile zu tragen, soweit ein Wirtschaftsplan oder eine Jahresabrechnung beschlossen wurden.
- Dritten, die nicht Wohnungseigentümer sind, Erhaltungsmaßnahmen und sonstige Baumaßnahmen rechtzeitig und formgerecht anzukündigen. Es handelt sich dabei um eine neue Verpflichtung, die mit der WEG-Reform zum 1.12.2020 in Kraft getreten ist.
Der Dritte (hauptsächlich der Mieter, aber auch dingliche Wohnungsberechtigte, Nießbraucher etc) ist nicht mehr schutzlos und kann sich unter bestimmten Umständen auf einen Härteeinwand (zum Beispiel Alter, Krankheit etc) berufen. Soweit die Ankündigung korrekt erfolgt, ist der Dritte allerdings verpflichtet, die angekündigte Maßnahme zu dulden. Die Duldungspflicht besteht gegenüber der Wohnungseigentümergemeinschaft und *gegenüber einzelnen Wohnungseigentümern,* je nachdem, wer die Maßnahme durchführt.

---

§ 15 WEG

Wer Wohnungseigentum gebraucht, ohne Wohnungseigentümer zu sein, hat gegenüber der Gemeinschaft der Wohnungseigentümer und anderen Wohnungseigentümern zu dulden:

1. Die Erhaltung des gemeinschaftlichen Eigentums und des Sondereigentums, die ihm rechtzeitig angekündigt wurde; § 555a Absatz 2 des BGB gilt entsprechend;

2. Maßnahmen, die über die Erhaltung hinausgehen, die spätestens *drei Monate* vor ihrem Beginn in *Textform* angekündigt wurden; § 555c Absatz 1 Satz 2 Nummer 1 und 2, Absatz 2 bis 4 und § 555d Absatz 2 bis 5 des BGB gelten entsprechend.

⇨ **BEISPIEL**

Wohnungseigentümer M plant in seiner Wohnung umfangreiche Baumaßnahmen, durch welche erhebliche Geräuschbelästigungen und Immissionen entstehen werden oder er plant den Austausch aller Elektroleitungen und muss dafür an die Schächte in der Wohnung unter ihm.

Handelt es sich lediglich um Erhaltungsmaßnahmen (Instandhaltung und Instandsetzung) müssen diese dem Drittnutzer nur rechtzeitig angekündigt werden.

Handelt es sich um Baumaßnahmen, die über die Erhaltung hinausgehen, müssen diese dem Drittnutzer in Textform (zum Beispiel E-Mail etc) und spätestens drei Monate vorher angekündigt werden. Nach den mietrechtlichen Vorschriften kann der Drittnutzer die Maßnahme zunächst verhindern, wenn er Härteeinwände (wie zum Beispiel Alter, Krankheit etc) geltend macht. Unklar ist noch, wie der Wohnungseigentümer an die Daten des Drittnutzers gelangt. Es ist aber davon auszugehen, dass der Wohnungseigentümer der Wohnung, in welcher der Drittnutzer wohnt, verpflichtet ist, dem bauwilligen Wohnungs eigentümer die Daten auszuhändigen, da es seit dem 1.12.2020 eine gesetzliche Verbindung zum Drittnutzer gibt.

→ **HINWEIS**

Den Verwalter treffen die gleichen Verpflichtungen aus § 15 WEG, wenn die Maßnahmen von der Wohnungseigentümergemeinschaft durchgeführt werden.

4. Pflicht zur Zahlung einer Umzugskostenpauschale

Bis zum 30.11.2020 konnten über die Beschlusskompetenz des § 21 Absatz 7 WEG alte Fassung zahlreiche Beschlüsse zur Einführung einer Umzugskostenpauschale gefasst werden. Nach einer Entscheidung des Bundesgerichtshofes war eine Umzugskostenpauschale in Höhe von 50 EUR pro Umzug angemessen. Mit der Änderung des Wohnungseigentumsgesetzes zum 1.12.2020 wurde die Beschlusskompetenz zur Einführung einer

Umzugskostenpauschale nicht übernommen, auch Beschlüsse, die vor dem 1.12.2020 gefasst wurden, entfalten ab sofort keine Rechtswirkung mehr und sind somit obsolet.

> **Begründung des Gesetzgebers:**
> „Wenn aber keine konkreten Kosten anfallen, ist es nicht angemessen, einen zulässigen Gebrauch finanziell zu sanktionieren. Soweit auf Grundlage des geltenden § 21 Absatz 7 Beschlüsse gefasst wurden, die nach dem Entwurf nicht mehr gefasst werden können, verlieren diese nach allgemeinen Grundsätzen mit Inkrafttreten der Neuregelung für die Zukunft ihre Wirkung" (vergleiche zu gesetzlichen Verboten Sack/Seibl, in: Staudinger, BGB, 2017, § 134 Rn. 55).

5. Anspruch auf Schadensersatz bei Beschädigung von Sondereigentum

Folgender Fall ereignet sich in der Wohnung eines Wohnungseigentümers: An der Decke im Wohnzimmer tritt plötzlich und unerwartet ein Wasserschaden auf. Ursache für den Wasserschaden war ein Konstruktionsfehler am Tür-Fenster-Element in der Wohnung darüber. Der Schaden im gemeinschaftlichen Eigentum wird nach Bekanntwerden sofort behoben. Der geschädigte Eigentümer fordert einen Betrag in Höhe von 450 EUR für die Renovierung der Decke und 220 EUR für die Reinigung seines Teppichs.

Grundlage eines Schadensersatzanspruchs ist stets eine schuldhafte Pflichtverletzung.

Kann also nicht nachgewiesen werden, dass der Schaden schuldhaft herbeigeführt wurde, gibt es auch keinen Schadensersatz. Im vorliegenden Fall sollte ein Schadensersatzanspruch nicht vorliegen, da der Schaden plötzlich und unerwartet aufgetreten ist. Ob sich auf einer Anspruchsgrundlage (zum Beispiel Gewährleistung, Versicherung) eine Erstattungsmöglichkeit ergibt, ist im vorliegenden Beispiel nicht von Bedeutung, sollte aber im Einzelfall geprüft werden.

→ **HINWEIS**

Ein Anspruch auf Schadensersatz wegen verzögerter Beschlussfassung über notwendige Instandsetzungsmaßnahmen scheidet aus, wenn der betroffene Wohnungseigentümer vorher gefasste Beschlüsse über die Zurückstellung einer Maßnahme **nicht angefochten** hat.

Liegt ein Verschulden vor, haftet zunächst die Wohnungseigentümergemeinschaft. Diese kann dann prüfen, ob der Verwalter gegen seine Pflichten verstoßen hat und den Anspruch an diesen weitergeben. In der Praxis ist oft schwierig zu entscheiden, wie hoch der sogenannte Verzögerungsschaden ist.

6. Versehentlicher Austausch von Teilen des gemeinschaftlichen Eigentums

Der Bundesgerichtshof hat seine bisherige Rechtsprechung ausdrücklich aufgegeben und nunmehr festgehalten, dass ein Erstattungsanspruch des Eigentümers, der eine eigenmächtige Instandsetzung des gemeinschaftlichen Eigentums vornimmt, generell nicht mehr besteht. Dabei sei es unerheblich, ob es einen Instandsetzungsbedarf gab und auch, ob der Eigentümer irrig davon ausgegangen ist, dass er zur Instandsetzung verpflichtet war.

☞ **TIPP**

Soweit Bauteile des gemeinschaftlichen Eigentums defekt sind und ausgetauscht werden müssen, muss stets ein Antrag beim Verwalter auf Austausch gestellt werden. Die Wohnungseigentümer haben im Rahmen der Beschlussfassung über die ordnungsmäßige Erhaltung des gemeinschaftlichen Eigentums zu entscheiden (§ 19 WEG). Sofern die Wohnungseigentümergemeinschaft eine Maßnahme zur Erhaltung ablehnt, kann der betroffene Wohnungseigentümer den Beschluss anfechten und zugleich eine Beschlussersetzungsklage (§ 44 WEG) einreichen.

7. Haftung des Wohnungseigentümers im Außenverhältnis

Mit der WEG-Reform hat sich an den Haftungsverhältnissen des einzelnen Wohnungseigentümers, die bereits im Zuge der WEG-Reform 2007 eingeführt wurden, nichts verändert. Gemäß § 9a Absatz 4 WEG haftet jeder Eigentümer einem Gläubiger nur nach dem Verhältnis seines Miteigentumsanteils (§ 16 Absatz 1 Satz 2 WEG) für Verbindlichkeiten der Wohnungseigentümergemeinschaft, die während seiner Zugehörigkeit zur Wohnungseigentümergemeinschaft entstanden oder während dieses Zeitraums fällig geworden sind.

> ⇨ **BEISPIEL**
>
> Wohnungseigentümergemeinschaft W hat einen Kreditvertrag in Höhe von 50.000 EUR mit einer Bank B abgeschlossen, damit das Dach repariert werden kann. Jeder Wohnungseigentümer hat einen Miteigentumsanteil (MEA) von 1.000 (MEA Gesamt in der WEG 10.000). Im Außenverhältnis zur Bank B haftet jeder Wohnungseigentümer im ungünstigsten Fall mit einer Summe von 5.000 EUR (50.000 EUR / 10.000 MEA × 1.000 MEA).

8. Probleme mit anderen Sondereigentümern bzw. vermieteten Wohnungen

Nach alter Rechtslage hatte jeder Wohnungseigentümer einen Individualanspruch gegen einen anderen Wohnungseigentümer auf Unterlassung einer zweckbestimmungswidrigen Nutzung des Sondereigentums. Mit Inkrafttreten der WEG-Reform zum 1.12.2020 steht dieser Anspruch nur noch der Wohnungseigentümergemeinschaft zu, das heißt die Wohnungseigentümergemeinschaft muss durch Mehrheitsbeschluss entscheiden, ob Sie den Anspruch verfolgen möchte.

Auch seit Inkrafttreten der WEG-Reform zum 1.12.2020 kann eine Wohnungseigentümergemeinschaft

Unterlassungsansprüche einzelner Wohnungseigentümer wegen Störungen des Sondereigentums auch dann nicht durch Beschluss an sich ziehen, wenn zugleich das Gemeinschaftseigentum von den Störungen betroffen ist (Bundesgerichtshof, Urteil vom 24.1.2020 – V ZR 295/16).

Verstößt ein Mieter gegen eine vereinbarte oder beschlossene Gebrauchsregelung hinsichtlich der Nutzung des gemeinschaftlichen Eigentums, kann der Unterlassungsanspruch (§ 1004 BGB) von der Wohnungseigentümergemeinschaft weiterhin direkt gegen diesen Mieter geltend gemacht werden. Dies gilt auch, wenn ein Mieter gegen die in der Teilungserklärung vereinbarte Zweckbestimmung verstößt.

> ⇨ **BEISPIEL**
>
> In der Teilungserklärung ist geregelt, dass das Teileigentum nur als Büro genutzt werden darf. Mieter M eröffnet ein Restaurant.

9. Haftung des Wohnungseigentümers im Innenverhältnis

Neben der Haftung im Außenverhältnis gibt es auch eine unbeschränkte Haftung im Innenverhältnis, die es zu beachten gilt.

> ⇨ **BEISPIEL**
>
> Die Wohnungseigentümergemeinschaft hat zehn Wohnungseigentümer. Vier Wohnungseigentümer stellen plötzlich die Vorschusszahlungen (Hausgeld) ein, sodass die ordnungsmäßige Bewirtschaftung der WEG-Anlage gefährdet ist. Der Verwalter muss zur Bewirtschaftung der WEG-Anlage eine Sonderumlage bei allen Wohnungseigentümern anfordern, und zwar so lange wie die säumigen Wohnungseigentümer ihr Hausgeld nicht einzahlen. Diese Innenhaftung kann weder durch Beschluss noch durch eine Vereinbarung eingeschränkt werden.

10 Der Verwaltungsbeirat

1. Grundlagen

Der Verwaltungsbeirat unterstützt und überwacht den Verwalter bei der Durchführung seiner Aufgaben, ist aber auch Bindeglied zwischen den Wohnungseigentümern und dem Verwalter. Der Verwaltungsbeirat ist kein zwingendes Organ, aber bei größeren Wohnungseigentümergemeinschaften hat sich die Bestellung eines Verwaltungsbeirates in der Praxis bewährt.

> ⚠ **WICHTIG**
>
> Seit dem 1.12.2020 vertritt der Vorsitzende des Verwaltungsbeirats die Gemeinschaft der Wohnungseigentümer gegenüber dem Verwalter (§ 9b Absatz 2 WEG), insbesondere wenn es darum geht, Ansprüche gegen diesen durchzusetzen. § 29 Absatz 2 Satz 1 WEG verleiht dem Verwaltungsbeirat indes nicht das Recht, sich die Kompetenzen des Verwalters anzueignen.

Die Bestellung und Abberufung des Verwaltungsbeirates erfolgt durch einfachen Mehrheitsbeschluss in einer Wohnungseigentümerversammlung (§ 29 Absatz 1 WEG). Grundsätzlich können nur Wohnungseigentümer in den Verwaltungsbeirat gewählt werden. Die Bestellung kann unbefristet erfolgen oder aber auf eine bestimmte Zeitdauer befristet werden.

Soweit der Verwaltungsbeirat aus mehreren Mitgliedern besteht, ist ein Vorsitzender und ein stellvertretender Vorsitzender zu bestimmen. Eine Änderung der Anzahl des Verwaltungsbeirates ist durch einfachen Mehrheitsbeschluss jederzeit möglich. Der Vorsitzende des Verwaltungsbeirates kann durch die Wohnungseigentümerversammlung oder von den Mitgliedern des Verwaltungsbeirates selbst bestimmt werden.

Nach dem Inhalt des Gesetzes unterstützt und überwacht der Verwaltungsbeirat den Verwalter bei der Durchführung seiner Aufgaben. Darüber hinaus soll der Verwaltungsbeirat den Wirtschaftsplan und die Abrechnung über den Wirtschaftsplan überprüfen, bevor in einer Wohnungseigentümerversammlung darüber beschlossen wird. In der jeweiligen Wohnungseigentümerversammlung nehmen die Verwaltungsbeiräte zu den Überprüfungen entsprechend Stellung. In der Praxis werden mit den Verwaltungsbeiräten regelmäßig Verwaltungsbeiratssitzungen abgehalten und die verschiedenen Themen der Wohnungseigentümergemeinschaft besprochen.

> ⚠ **WICHTIG**
>
> Gemäß § 24 Absatz 3 WEG kann der Vorsitzende des Verwaltungsbeirates oder sein Stellvertreter zu einer Wohnungseigentümerversammlung einladen, wenn kein Verwalter existiert oder der Verwalter sich pflichtwidrig weigert.

Der seit dem 1.12.2020 neu eingeführte § 29 Absatz 3 WEG sieht vor, dass die Mitglieder des Verwaltungsbeirats nur Vorsatz und grobe Fahrlässigkeit zu vertreten haben, wenn sie unentgeltlich tätig werden. Damit soll die Bereitschaft gefördert werden, sich unentgeltlich als Mitglied des Verwaltungsbeirats zu engagieren.

Aufwandspauschale

Es ist zulässig und üblich dem Verwaltungsbeirat eine Aufwandspauschale zu zahlen. Die Aufwandspauschale liegt bei ca. 50 EUR bis 150,00 EUR pro Jahr und Verwaltungsbeirat und wird durch einfachen Mehrheitsbeschluss festgelegt.

2. Checkliste: Verwaltungsbeirat

✓ Ein Verwaltungsbeirat ist nicht zwingend erforderlich, aber je nach Größe der Wohnungseigentümergemeinschaft sinnvoll.

✓ Die Zusammensetzung des Verwaltungsbeirates, insbesondere die Anzahl der Mitglieder, bestimmt die Wohnungseigentümergemeinschaft durch einfachen Mehrheitsbeschluss.

✓ Kernaufgaben: Unterstützung und Überwachung des Verwalters, insbesondere Überprüfung von Wirtschaftsplan und Jahresabrechnung.

✓ Der Verwaltungsbeirat hat vom Gesetz her keine eigenen Entscheidungskompetenzen.

✓ Wichtigste Pflichten: Einberufung einer Eigentümerversammlung, wenn es keinen Verwalter gibt oder dieser sich weigert; Vertretung der Wohnungseigentümergemeinschaft gegenüber dem Verwalter, wenn zum Beispiel Ansprüche gegen diesen durchgesetzt werden müssen oder auch beim Abschluss des Verwaltervertrages.

✓ Für den Verwaltungsbeirat kann eine Vermögensschadenhaftpflichtversicherung abgeschlossen werden.

✓ Es ist üblich, dem Verwaltungsbeirat eine jährliche Aufwandspauschale (50 EUR bis 150 EUR) zu zahlen.

11 | Willensbildung der Wohnungseigentümergemeinschaft

Damit die Verwaltung einer Wohnungseigentümergemeinschaft funktioniert, erfolgt die Willensbildung in der Regel durch Beschlussfassung in einer Eigentümerversammlung. In kleineren Wohnungseigentümergemeinschaften kann neben der Beschlussfassung in der Eigentümerversammlung, eine Willensbildung durch den Umlaufbeschluss erfolgen. Die Vereinbarungen aus der Gemeinschaftsordnung, die seit Gründung der Wohnungseigentümergemeinschaft in der Gemeinschaftsordnung stehen, sind ebenfalls zu beachten.

Beschlussfassung in der Eigentümerversammlung
Umlaufbeschluss (Umlaufverfahren)
Regelungen (Vereinbarungen) aus der Gemeinschaftsordnung

Jeder Beschluss bedarf einer Mehrheit. Es kommt also darauf an, über welchen Beschlussgegenstand die Wohnungseigentümergemeinschaft abstimmen möchte und welche Regelungen sich hierzu im Wohnungseigentumsgesetz oder der Gemeinschaftsordnung finden. Eine Vereinbarung in der Gemeinschaftsordnung kann grundsätzlich nur durch eine Vereinbarung geändert werden. Bereits gefasste Beschlüsse können jederzeit durch einen sogenannten Zweitbeschluss geändert oder aufgehoben werden. Damit Vereinbarungen auch für Rechtsnachfolger gültig sind, müssen diese als Inhalt in das Grundbuch eingetragen werden. Beschlüsse – mit Ausnahme von Beschlüssen, die auf der Grundlage einer rechtsgeschäftlichen Öffnungsklausel gefasst wurden – gelten ohne Eintragung in das Grundbuch für den Rechtsnachfolger.

1. Beschluss in der Eigentümerversammlung

Damit die Eigentümerversammlung über einen Beschlussgegenstand entscheiden kann, muss der Beschlussantrag rechtzeitig angekündigt werden. Dies geschieht durch die mit der Einladung übermittelte Tagesordnung.

Die Praxis unterscheidet zwischen:

Positivbeschlüssen	Beschlussantrag erhält die entsprechende Mehrheit
Negativbeschlüssen	Beschlussantrag erhält die entsprechende Mehrheit nicht

Der Beschluss kommt nicht durch die Protokollierung, sondern durch Feststellung und Bekanntgabe des Beschlussergebnisses in der Eigentümerversammlung zustande. Wirksam gefasste Beschlüsse gelten auch gegen den Rechtsnachfolger und gegen die Wohnungseigentümer, die gegen einen Beschluss gestimmt haben. Ist ein Wohnungseigentümer mit der Art und Weise bzw. dem Inhalt des Beschlusses nicht einverstanden, so hat er die Möglichkeit, innerhalb eines Monats nach dem Tag der Beschlussfassung eine gerichtliche Prüfung bei Gericht zu beantragen (= Anfechtungsklage gemäß § 45 WEG).

Nur noch einfache Mehrheit: Seit dem 1.12.2020 gibt es grundsätzlich nur noch die einfache Mehrheit im Wohnungseigentumsgesetz: Bei der Beschlussfassung entscheidet die Mehrheit der abgegebenen Stimmen (§ 25 Absatz 1 WEG).

→ **HINWEIS**

Bei einem Beschluss über eine bauliche Veränderung (§ 20 WEG) muss die Kostenfolge des § 21 Absatz 2 WEG (mehr als zwei Drittel der abgegebenen Stimmen und der Hälfte aller Miteigentumsanteile) beachtet werden.

⇨ **BEISPIEL ZUR BERECHNUNG EINER EINFACHEN MEHRHEIT (WEG MIT ZEHN WOHNUNGEN):**

Ja-Stimmen   4
Nein-Stimmen   1
Enthaltungen   5
Der Beschluss ist mehrheitlich zustande gekommen, denn Enthaltungen gelten als nicht abgegebene Stimmen und werden nicht mitgezählt, soweit die Gemeinschaftsordnung keine andere Regelung enthält.

2. Wann kann ein Beschluss gefasst werden?

Durch die Jahrhundertentscheidung des Bundesgerichtshofs (Beschluss vom 20.9.2000 – V ZB 58/99) wurde die damalige Welt der Wohnungseigentümergemeinschaften vollständig „auf den Kopf gestellt". Selbst heute wirken sich diese wichtigen Prinzipien dieser Entscheidung noch auf die Praxis aus.

Bundesgerichtshof, Beschluss vom 20.9.2000 – V ZB 58/99:
„Was zu vereinbaren ist, kann nicht beschlossen werden, solange nicht vereinbart ist, dass dies auch beschlossen werden darf."

Eine Beschlussfassung ist also nur möglich, wenn das Wohnungseigentumsgesetz oder die Gemeinschaftsordnung dies vorsehen, somit also eine Beschlusskompetenz eingeräumt ist. Ein trotz absoluter Beschlussunzuständigkeit gefasster Beschluss ist nichtig. Er kann auch nicht nach Ablauf der Anfechtungsfrist (§ 45 WEG) in Bestandskraft erwachsen.

Hierfür besteht **eine Beschlusskompetenz:**

Vorschrift	Bezeichnung	Mehrheit	Hinweise
§ 12 Absatz 4 WEG	Aufhebung Veräußerungszustimmung	einfache Mehrheit in der Eigentümerversammlung	Sobald die vereinbarte Veräußerungszustimmung durch einen einfachen Mehrheitsbeschluss aufgehoben wurde, kann diese nicht wieder durch Beschluss eingeführt werden. Hierfür bedarf es dann wieder einer Vereinbarung sämtlicher Wohnungseigentümer.
§ 16 Absatz 2 WEG	Änderung der Kostenverteilung (ohne bauliche Veränderung)	einfache Mehrheit in der Eigentümerversammlung	Grenzen der Beschlusskompetenz: Es ist unzulässig, eine generelle Änderung des Kostenverteilerschlüssels dauerhaft zu erwirken.
§ 17 WEG	Entziehung des Wohnungseigentums	einfache Mehrheit in der Eigentümerversammlung	§ 25 Absatz 4 WEG: Der betroffene Wohnungseigentümer, dem das Eigentum entzogen werden soll, ist vom Stimmrecht ausgeschlossen.
§ 19 Absatz 1 WEG	Universalbeschlusskompetenz für ordnungsmäßige Verwaltung	einfache Mehrheit in der Eigentümerversammlung	Soweit keine Vereinbarung in der Gemeinschaftsordnung entgegensteht, beschließen die Wohnungseigentümer eine ordnungsmäßige Verwaltung.
§ 20 Absatz 1 WEG in Verbindung mit § 20 Absatz 2 u. 3 WEG	Bauliche Veränderung	einfache Mehrheit in der Eigentümerversammlung	Keine Bauliche Veränderung ohne Beschluss bzw. Gestattungsbeschluss mit einfacher Mehrheit! Gemäß § 20 Absatz 2 u. 3 WEG kann dem Wohnungseigentümer ein Anspruch auf positive Beschlussfassung zustehen.

Vorschrift	Bezeichnung	Mehrheit	Hinweise
§ 21 Absatz 4 WEG	Anspruch auf Beschlussfassung nachträgliche Nutzung	einfache Mehrheit (Mehrheit der abgegebenen Stimmen)	„Nachzügler" einer baulichen Veränderung – Anspruch auf Beschlussfassung zur nachträglichen Nutzung + angemessener Ausgleich
§ 21 Absatz 5 WEG	Änderung der Kostenverteilung und Nutzungen (bauliche Veränderung)	einfache Mehrheit (Mehrheit der abgegebenen Stimmen)	Durch einen solchen Beschluss dürfen einem Wohnungseigentümer, der nach den vorstehenden Absätzen Kosten nicht zu tragen hat, keine Kosten auferlegt werden.
§ 23 Absatz 3 WEG	Änderungen beim Umlaufbeschluss	einfache Mehrheit in der Eigentümerversammlung	Die Wohnungseigentümer können beschließen, dass für einen einzelnen Gegenstand die Mehrheit der abgegebenen Stimmen in einem Umlaufbeschluss genügt.
§ 24 Absatz 5 WEG	Vorsitz in der Eigentümerversammlung	einfache Mehrheit in der Eigentümerversammlung	Grundsätzlich steht dem Verwalter der Versammlungsvorsitz zu.
§ 26 Absatz 1 WEG	Verwalter (Bestellung und Abberufung)	einfache Mehrheit in der Eigentümerversammlung	Die einfache Stimmenmehrheit kann auch nicht durch eine Vereinbarung geändert werden (§ 26 Absatz 5 WEG).
§ 27 Absatz 2 WEG	Die Wohnungseigentümer können die Aufgaben des Verwalters (Rechte und Pflichten) durch Beschluss einschränken oder erweitern.	einfache Mehrheit in der Eigentümerversammlung	Rechte und Pflichten des Verwalters sollten zukünftig in der Eigentümerversammlung durch Beschluss geregelt werden.
§ 28 Absatz 1 und 2 WEG	Wirtschaftsplan und Jahresabrechnung	einfache Mehrheit in der Eigentümerversammlung	Seit dem 1.12.2020 wird nicht mehr das Zahlenwerk, sondern nur noch die Ergebnisse beschlossen. Das Zahlenwerk dient nur noch der Vorbereitung.
§ 28 Absatz 3 WEG	Fälligkeiten von Zahlungspflichten	einfache Mehrheit in der Eigentümerversammlung	Die Wohnungseigentümer können beschließen, wann Forderungen fällig werden und wie sie zu erfüllen sind.
§ 29 Absatz 1 WEG	Verwaltungsbeirat	einfache Mehrheit in der Eigentümerversammlung	Seit dem 1.12.2020 muss der Verwaltungsbeirat nicht mehr zwingend aus drei Mitgliedern bestehen.
Gemeinschaftsordnung	Öffnungsklausel (Gesetz oder Gemeinschaftsordnung kann durch Beschluss geändert werden)	zum Beispiel 2/3-Mehrheit aller im Grundbuch eingetragenen Wohnungseigentümer / oder der in der Eigentümerversammlung anwesenden oder vertretenen Wohnungseigentümer	Beschlüsse, die auf dieser Grundlage gefasst wurden bzw. gefasst werden, müssen seit dem 1.12.2020 in das Grundbuch eingetragen werden.

3. Konkretisierung der Beschlusskompetenz durch die Rechtsprechung

Grundstückskauf

In seiner Entscheidung vom 18.3.2016 (V ZR 75/15) hat der Bundesgerichtshof bestätigt, dass die Wohnungseigentümer grundsätzlich den Erwerb eines Grundstücks durch die Wohnungseigentümergemeinschaft beschließen können. An der erforderlichen Beschlusskompetenz fehlt es nur dann, wenn es sich offenkundig nicht um eine Verwaltungsmaßnahme handelt. Für den Beschluss genügt die einfache Mehrheit. Der Verwalter kann die Wohnungseigentümergemeinschaft im Außenverhältnis nur vertreten, wenn er gemäß § 9b Absatz 1 WEG explizit den Beschluss über den Erwerb vorlegt.

Kreditaufnahme durch die Wohnungseigentümergemeinschaft

Der Bundesgerichtshof hat in zwei wichtigen Entscheidungen bestätigt, dass es in der Kompetenz der Wohnungseigentümergemeinschaft liegt, die Aufnahme eines Kredits zur Deckung des Finanzbedarfs zu beschließen. Hierfür genügt die einfache Mehrheit. Es besteht allerdings keine Beschlusskompetenz, die gesamtschuldnerische Haftung im Außenverhältnis zu verändern.

> ⇨ **BEISPIEL**
>
> Die Wohnungseigentümergemeinschaft beschließt, einen Kredit in Höhe von 30.000 EUR aufzunehmen. Zeitgleich wird beschlossen, dass der Wohnungseigentümer M gegenüber der Bank X nicht mehr mit seinem Miteigentumsanteil haftet, da er seinen Anteil direkt an die Wohnungseigentümergemeinschaft zahlt.

Darüber hinaus ist es zwingend erforderlich, dass der Verwalter das Risiko einer Nachschusspflicht der Wohnungseigentümer vor der Beschlussfassung erörtert, diese Belehrung muss sich aus dem Protokoll der Eigentümerversammlung ergeben.

Nachschusspflicht (oder Innenhaftung)

Grundsätzlich sind alle Wohnungseigentümer verpflichtet, die beschlossenen Vorschüsse auf das Konto der Wohnungseigentümergemeinschaft einzuzahlen. Sollten allerdings Wohnungseigentümer mit der Zahlung ausfallen, verteilt sich der Fehlbetrag auf die anderen Wohnungseigentümer, und zwar solange, bis der säumige Wohnungseigentümer den vollständigen Rückstand und die laufenden Zahlungen wieder aufgenommen hat oder neue solvente Wohnungseigentümer in die Wohnungseigentümergemeinschaft eintreten.

Änderung der Gemeinschaftsordnung

Ein Vorbereitungsbeschluss zur Änderung der Gemeinschaftsordnung kann mit einfacher Mehrheit gefasst werden. Der Beschluss muss allerdings ordnungsmäßiger Verwaltung entsprechen. Daran wird es allerdings regelmäßig fehlen, wenn schon bei der Beschlussfassung absehbar ist, dass einzelne Wohnungseigentümer an der späteren Umsetzung zur Änderung der

Gemeinschaftsordnung nicht mitwirken werden (Bundesgerichtshof, Urteil vom 20.9.2019 – V ZR 258/18).

> ⇨ **BEISPIEL**
>
> Die Wohnungseigentümergemeinschaft beschließt, dass der Verwalter den Notar N damit beauftragen soll, die veraltete Gemeinschaftsordnung hinsichtlich der Regeln zur Eigentümerversammlung zu ändern. Die Wohnungseigentümer X und Y signalisieren bereits, dass sie mit dieser Änderung nicht einverstanden sind und die spätere Änderungsurkunde des Notars nicht unterzeichnen werden.

Keine Beschlusskompetenz

Hierfür besteht zum Beispiel **keine Beschlusskompetenz:**

- Zwingende Teile des gemeinschaftlichen Eigentums können durch Beschluss niemals zum Sondereigentum erklärt werden. Hinweis: Auch durch eine Vereinbarung in der Gemeinschaftsordnung ist dies nicht möglich, da § 5 Absatz 2 WEG zu den unabdingbaren Gesetzesvorschriften gehört.
- Änderung des Wohnungseigentumsgesetzes oder der Gemeinschaftsordnung, soweit keine Öffnungsklausel besteht (zum Beispiel Einladungsfrist, Stimmrechte, Zweckbestimmung des Sondereigentums).
- Auferlegung von Handlungspflichten: Den Wohnungseigentümern können durch Beschluss keine Handlungspflichten auferlegt werden.

> ⇨ **BEISPIEL**
>
> Die Wohnungseigentümergemeinschaft beschließt, dass jeder Wohnungseigentümer den Winterdienst gemäß dem vom Verwalter aufgestellten Schneedienstplan durchführen muss.
>
> Eine Verpflichtung der einzelnen Wohnungseigentümer, die Räum- und Streupflicht im Wechsel zu erfüllen, kann nicht durch Mehrheitsbeschluss, sondern nur durch Vereinbarung begründet werden. (Bundesgerichtshof, Urteil vom 9.3.2012 – V ZR 161/11).

- Generelle Änderung des Kostenverteilerschlüssels.

4. Grundregeln bei der Beschlussformulierung und Unterschied zwischen Rechtswidrigkeit und Nichtigkeit

1. Die Delegation einer Entscheidungsbefugnis ist rechtswidrig, mangels inhaltlicher Bestimmtheit sogar nichtig (sowohl für den Verwalter als auch Verwaltungsbeirat), soweit diese nicht ordnungsmäßiger Verwaltung entspricht und nicht klar und deutlich bestimmt ist. Für den unbefangenen Betrachter muss sich aus dem Beschluss konkret ergeben, was mit der Beschlussfassung gewollt ist und welche Auswirkungen dies hat.

2. Nach herrschender Meinung müssen grundsätzlich drei Vergleichsangebote eingeholt und auch vorgelegt werden Einige Gerichtsurteile lassen Ausnahmen zu (Maßnahmen unter 3.000 EUR erfordern keine drei Vergleichsangebote). Aus einer Entscheidung des Bundesgerichtshofs lässt sich ableiten, dass die Angebote nicht zwingend mit der Einladung verschickt werden müssen. Es reicht aus, wenn den Wohnungseigentümern die Mitteilung über die Person des Anbieters und den wesentlichen Inhalt des Angebots mitgeteilt wird, wenn das Angebot spätestens in der Eigentümerversammlung vorgelegt wird. Insofern reicht zum Beispiel bei Erhaltungsmaßnahmen die Übersendung eines Preisspiegels oder die Kurzfassung eines Gutachtens grundsätzlich aus. Den Wohnungseigentümern sollte aber ausdrücklich mit Versendung der Einladung angeboten werden, Einsichtnahme in sämtliche Unterlagen (Angebote) im Original am Geschäftssitz des Verwalters zu dessen Bürozeiten nach vorheriger Terminvereinbarung vornehmen zu dürfen.

3. In sämtlichen Beschlüssen muss geregelt werden, wie die beschlossenen Maßnahmen finanziert werden sollen. In der Regel werden Baumaßnahmen aus den geplanten Ansätzen des Wirtschaftsplans oder der Erhaltungsrücklage finanziert. Es besteht aber auch die Möglichkeit, eine Finanzierung per Sonderumlage oder durch Kreditaufnahme mit einfacher Mehrheit zu beschließen.

4. Im Beschluss kann und sollte auf konkrete Anlagen (zum Beispiel Angebote, Stellungnahmen von Rechtsanwälten und Sachverständigen etc) verwiesen werden, um dem Beschluss die Bestimmtheit zu verleihen. Aus dem Beschluss muss für jeden erkennbar sein, was konkret beschlossen wurde und welche rechtlichen Auswirkungen er hat. Ansonsten sind derartige Beschlüsse – auch wenn für die anwesenden Wohnungseigentümer klar ist, was beschlossen wird – wegen Unbestimmtheit sogar nichtig. Soweit auf konkrete Anlagen verwiesen wird, müssen diese Anlagen zur Beschluss-Sammlung genommen werden (Bundesgerichtshof, Urteil vom 8.4.2016 – V ZR 104/15).

Größte Herausforderung in der Praxis ist die Differenzierung zwischen einem rechtswidrigen und nichtigem Beschluss:

Rechtswidriger Beschluss	Nichtiger Beschluss
Es besteht eine Beschlusskompetenz	**Es besteht keine Beschlusskompetenz**
Der Beschluss ist materiell, also inhaltlich, nicht in Ordnung.	Der Beschluss ist zu unbestimmt und es sind keine durchführbaren Regelungen erkennbar.
Beispiel: Es werden Erhaltungsmaßnahmen beschlossen. Es liegt aber nur **ein Angebot** vor.	Beispiel: Es wird beschlossen, dass zukünftig **nicht mehr nach Köpfen**, sondern nach **Miteigentumsanteilen** abgestimmt werden soll.

5. Der Umlaufbeschluss

Gemäß § 23 Absatz 3 WEG ist ein Beschluss auch ohne Versammlung gültig, wenn alle Wohnungseigentümer ihre Zustimmung zu diesem Beschluss in Textform erklären. Das bedeutet im Umkehrschluss, dass Beschlüsse, die beispielsweise in einer Wohnungseigentümerversammlung mit einfacher Mehrheit gefasst werden können, im Umlaufverfahren zwingend von allen Wohnungseigentümern akzeptiert werden müssen.

Der Umlaufbeschluss kann vom Verwalter, dem Verwaltungsbeirat, aber auch von einem Wohnungseigentümer initiiert werden. Vorzugsweise wird der Umlaufbeschluss im Zirkularverfahren oder durch Einzelabstimmung durchgeführt. Wichtig ist, dass bei Anforderung der Zustimmungen ein Abgabetermin festgelegt wird und das nach Auswertung des Beschlussergebnisses, das Zustandekommen des Beschlusses verkündet wird und die Eintragung in die Beschluss-Sammlung erfolgt.

Die Durchführung eines Umlaufbeschlusses kommt nur bei „kleinen" Wohnungseigentümergemeinschaften vor, da es in der Praxis schwierig ist, die Zustimmungserklärungen aller Wohnungseigentümer zu bekommen.

→ HINWEIS

Seit dem 1.12.2020 sieht § 23 Absatz 3 Satz 2 WEG eine weitere Erleichterung bei der Fassung des Umlaufbeschlusses vor: Die Wohnungseigentümer können beschließen, dass für einen einzelnen Gegenstand auch im Umlaufverfahren die Mehrheit der abgegebenen Stimmen genügt. In diesem Fall bedarf es abweichend von § 23 Absatz 3 Satz 1 WEG also nicht der Zustimmung aller Wohnungseigentümer.

6. Bauliche Veränderung und Kosten/Nutzungen der baulichen Veränderung

Ein wesentliches Ziel der WEG-Reform 2020 war es, bauliche Veränderungen am gemeinschaftlichen Eigentum zu vereinfachen.

Wichtige Änderungen seit dem 1.12.2020:
Zukünftig wird nur noch zwischen Erhaltungsmaßnahmen (Instandhaltung und Instandsetzung) und baulicher Veränderung unterschieden. Maßnahmen der Modernisierung und modernisierenden Instandsetzung wurden ersatzlos gestrichen. Streitig ist noch, ob die modernisierende Instandsetzung zukünftig als Erhaltungsmaßnahme oder bauliche Veränderung zu werten ist. Gegebenenfalls kann eine modernisierende Instandsetzung aufgeteilt werden, so dass ein Teil der Maßnahme als Erhaltung und der andere Teil als bauliche Veränderung bewertet werden muss.

⇨	**BEISPIELE**
Anstrich des Treppenhauses	Erhaltungsmaßnahme (Instandhaltung)
Reparatur des Daches	Erhaltungsmaßnahme (Instandsetzung)
Reparatur der Balkone	Erhaltungsmaßnahme (Instandsetzung)
Anbau von Balkonen	bauliche Veränderung
Anbringung einer Wärmedämmung	bauliche Veränderung
Installation einer Ladestation für Elektroautos	bauliche Veränderung

Beschluss über bauliche Veränderungen bzw. Gestattungsbeschluss (§ 20 Absatz 1 WEG)
Bauliche Veränderungen der Wohnungseigentümergemeinschaft können grundsätzlich mit einfacher Stimmenmehrheit beschlossen werden. Es kommt nicht mehr darauf an, ob ein Wohnungseigentümer nachteilig

betroffen ist. Wie die Kosten einer baulichen Veränderung zu verteilen sind, richtet sich nach § 21 WEG. Darüber hinaus kann auch Wohnungseigentümern eine bauliche Veränderung durch einfache Stimmenmehrheit gestattet werden.

Privilegierte bauliche Veränderungen (§ 20 Absatz 2 WEG)

Seit dem 1.12.2020 können die nachfolgenden Maßnahmen von jedem Wohnungseigentümer beansprucht werden. Es handelt sich um privilegierte Maßnahmen, die einen Individualanspruch schaffen. Jeder Wohnungseigentümer hat einen Anspruch darauf,

- sich für sein Elektroauto eine Ladestation einzubauen (bzw. auf das Laden elektrisch betriebener Fahrzeuge),
- Maßnahmen der Barrierereduzierung,
- Maßnahmen zum Einbruchsschutz oder
- Anschluss an das Glasfasernetz

durchzuführen.

⚠ **WICHTIG**

Der Wohnungseigentümer hat nur den Anspruch auf eine angemessene Maßnahme. Über die Modalitäten (also Art und Umfang etc) beschließt die Wohnungseigentümergemeinschaft. Der Gesetzesentwurf sieht sogar vor, dass die Wohnungseigentümergemeinschaft die Maßnahme auf Kosten des Antragstellers beschließen kann.

Die Wohnungseigentümergemeinschaft kann deshalb im Rahmen ihres Ermessensspielraums etwa detaillierte Vorgaben für die bauliche Durchführung machen, die der Wohnungseigentümer zu berücksichtigen hat (zum Beispiel die Verwendung bestimmter Materialien oder die Vorgabe, Kabel unter Putz zu verlegen).

Sonstige bauliche Veränderungen (§ 20 Absatz 3 WEG)

Auch § 20 Absatz 3 WEG schafft einen Individualanspruch auf Durchführung einer baulichen Veränderung, wenn die anderen Wohnungseigentümer nicht nachteilig betroffen sind. Insoweit ähnelt die Vorschrift dem alten Recht (§ 22 Absatz 1 WEG alte Fassung). Die Anspruchsstellung ist allerdings nur zu prüfen, wenn der Antrag nicht vorher schon mit einfacher Mehrheit genehmigt wurde.

Weiterhin erwähnt die Gesetzesbegründung, dass es bei der Anspruchsstellung auf das Einverständnis der benachteiligten Wohnungseigentümer ankommt:

> „Bei Beeinträchtigungen (...) kommt es auf das Einverständnis der beeinträchtigten Wohnungseigentümer an. Der Entwurf spricht dabei bewusst von einem Einverständnis, da es nicht um die Zustimmung zu einem Rechtsgeschäft, sondern um das Einverstanden-Sein mit einem Rechtseingriff geht. (...) Eine besondere Form für die Erklärung schreibt der Entwurf nicht vor; im Streitfall obliegt es dem Anspruchsteller, dass erforderliche Einverständnis dazulegen und zu beweisen."

Dabei lässt sich aus der Begründung des Gesetzgebers ableiten, dass der Anspruchsteller, also der bauwillige Wohnungseigentümer, diese Einverständniserklärungen einholen muss und nicht der Verwalter:

> „Bei Beeinträchtigungen, die über dieses Maß hinausgehen, kommt es auf das Einverständnis der beeinträchtigten Wohnungseigentümer an. (...) Eine besondere Form für die Erklärung schreibt der Entwurf nicht vor; im Streitfall obliegt es dem Anspruchsteller, das erforderliche Einverständnis darzulegen und zu beweisen." (Bundestagsdrucksache 19/18791, Seite 65)

Dabei ist ein Gestattungsbeschluss nach § 20 Absatz 1 WEG – nach hier vertretener Auffassung – stets auch möglich, wenn die Einverständniserklärungen nicht vorliegen, da in der Praxis nicht einfach ermittelt werden kann, wer denn überhaupt beeinträchtigt ist. Ein rechtswidriger Beschluss (wenn zum Beispiel nicht alle Einverständniserklärungen vorliegen) sollte nach Ablauf der Anfechtungsfrist bestandskräftig werden.

Sperren für eine bauliche Veränderung (§ 20 Absatz 4 WEG)

Baulichen Veränderungen werden grundsätzlich nur zwei Grenzen gesetzt:

- Die Wohnanlage darf nicht grundlegend umgestaltet werden.
- Kein Wohnungseigentümer darf ohne sein Einverständnis gegenüber anderen unbillig benachteiligt sein.

Viele unbestimmte Rechtsbegriffe, die den Verwaltern und Wohnungseigentümern in der Praxis nicht helfen werden, ganz im Gegenteil: Solange die Rechtsprechung keine konkreten Kriterien zur grundlegenden Umgestaltung und unbilligen Beeinträchtigung vorgibt, werden Beschlüsse – wie heute schon – von erheblicher Unsicherheit geprägt sein.

Es ist davon auszugehen, dass optische Veränderungen in der Regel nicht zu einer grundlegenden Umgestaltung führen (zum Beispiel Errichtung von Wintergärten etc), insbesondere ist die WEG-Anlage als Ganzes zu betrachten. Voraussetzungen für eine unbillige Beeinträchtigung kann dann vorliegen, wenn die bauliche Veränderung zu einer treuwidrigen Ungleichbehandlung führt, indem Nachteile einem oder mehreren Wohnungseigentümern in erheblicherem Umfang zugemutet werden als dem anderen Wohnungseigentümer.

7. Kosten und Nutzungen baulicher Veränderung

Während in § 20 WEG die Maßnahmen der baulichen Veränderung geregelt werden, regelt der neue § 21 WEG die Kostenverteilung solcher Maßnahmen.

Kosten und Nutzungen des bauwilligen Wohnungseigentümers (§ 21 Absatz 1 WEG)
Zukünftig ist geregelt, dass der bauwillige Wohnungseigentümer die Kosten der baulichen Veränderung zu tragen hat. Dies schließt die Folgekosten mit ein. Die Nutzung steht ebenfalls nur demjenigen zu, der die Maßnahme beantragt hat bzw. Kosten zahlen muss. Da es sich um eine gesetzliche Kostenfolge handelt, geht insbesondere die Übernahme der Folgekosten und Nutzungen auf den Sondernachfolger der entsprechenden Einheit auf den Erwerber über (Lehmann-Richter/Wobst, WEG-Reform 2020, Rn. 1054).

Kostenverteilung bei gemeinschaftlichen baulichen Veränderungen (§ 21 Absatz 2 WEG)
Verwalter müssen seit dem 1.12.2020 darauf achten, wie welcher Wohnungseigentümer in der Eigentümerversammlung abstimmt (namentliche Abstimmung). Der § 21 Absatz 2 WEG ordnet nämlich an, dass nicht bei jeder baulichen Veränderung alle Wohnungseigentümer nach § 16 Absatz 2 WEG zahlen müssen. Vielmehr kommt es auf das Abstimmverhalten der Wohnungseigentümer an.

> **§ 21 Absatz 2 WEG**
> Vorbehaltlich des § 21 Absatz 1 haben *alle Wohnungseigentümer* die Kosten einer baulichen Veränderung nach dem Verhältnis ihrer *Anteile* (§ 16 Absatz 1 Satz 2) zu tragen,
> 1. die mit *mehr als zwei Dritteln* der abgegebenen Stimmen und der Hälfte aller Miteigentumsanteile beschlossen wurde, es sei denn, die bauliche Veränderung ist mit *unverhältnismäßigen Kosten* verbunden, oder
> 2. deren Kosten sich innerhalb eines *angemessenen Zeitraums amortisieren.*

Bei den Abstimmungen zur baulichen Veränderung, welche durch die Wohnungseigentümergemeinschaft durchgeführt werden, müssen seit dem 1.12.2020 verschiedene Voraussetzungen überprüft werden:

Es müssen dann *alle Wohnungseigentümer* nach Miteigentumsanteilen (MEA) zahlen, wenn
- die Mehrheit von mehr als 2/3 der abgegebenen Stimmen und der Hälfte aller MEA beschlossen wurde, dann darf die bauliche Veränderung aber keine unverhältnismäßig hohen Kosten produzieren oder
- es wird eine bauliche Veränderung beschlossen, die sich in einem angemessenen Zeitraum amortisiert.

> ⇨ **BEISPIEL EINER ABSTIMMUNG**
> - Wohnungseigentümergemeinschaft mit zwölf Wohnungen,
> - es gilt das Kopfprinzip (§ 25 Absatz 2 WEG); jeder Wohnungseigentümer hat eine Stimme, egal wie viel Einheiten er hält,
> - alle zwölf Wohnungseigentümer sind anwesend oder vertreten,
> - Abstimmung erfolgt über den Anbau von Balkonen (Nach § 20 Absatz 1 WEG handelt es sich nach neuem Recht um eine bauliche Veränderung und keine Erhaltungsmaßnahme.).

Wohnungs-Nr.	Wohnungs-eigentümer	Miteigentums-anteil
Wohnung 1	A	100
Wohnung 2	B	100
Wohnung 3	C	100
Wohnung 4	D	100
Wohnung 5	E	100
Wohnung 6	F	100
Wohnung 7	G	100
Wohnung 8	H	100
Wohnung 9	I	50
Wohnung 10	J	50
Wohnung 11	K	50
Wohnung 12	L	50
Gesamt	12	1.000

I. Abstimmungsergebnis

	Stimmen	Miteigen-tumsanteile	Namen
Ja	8	800	A bis H
Nein	4	200	I bis L
Enthaltung	0	0	
	12	1000	

II. Auszählung der Abstimmung und Vorbereitung der Beschlussverkündung

Gemäß § 21 Absatz 2 WEG müssen folgende Voraussetzungen erfüllt sein, damit sämtliche Wohnungseigentümer – nach Miteigentumsanteilen – an den Kosten zu beteiligen sind:

- Mehrheitsbeschluss nach § 20 Absatz 1 WEG (im Beispiel erfüllt).
- Es dürfen keine unverhältnismäßigen Kosten entstehen (im Beispiel erfüllt).
- Die Amortisation ist für den Anbau von Balkonen uninteressant.
- Mehr als 2/3 der abgegebenen Stimmen müssen mit Ja stimmen; erforderlich in unserem Beispiel: 9 Ja-Stimmen (= 12 x 2/3 = 8, es müssen aber mehr als 2/3 sein, somit also 9 Ja-Stimmen; die Miteigentumsanteile brauchen nicht mehr betrachtet zu werden, da nicht mehr als 2/3 erreicht wurden).

> ⚠ **WICHTIG**
>
> - Enthaltungen zählen nicht – wie bisher auch – zu den abgegebenen Stimmen, es dürfen nur Ja- und Nein-Stimmen gewertet werden.

III. Ergebnis
- Der Anbau von Balkonen wurde mit einfacher Mehrheit beschlossen (§ 20 Absatz 1 WEG).
- Die Kosten tragen nur die Wohnungseigentümer, die mit Ja gestimmt haben (A-H).
- Nur diese Eigentümer (A-H) erhalten auch einen Balkon, denn die anderen dürfen keine Nutzungs- bzw. Gebrauchsvorteile haben.
- Die Finanzierung muss per Sonderumlage und nicht über die Erhaltungsrücklage erfolgen.

Fraglich ist schon, was mit unverhältnismäßigen Kosten gemeint ist. Es sind nicht nur die Baukosten, sondern auch die zu erwartenden Folgekosten für Gebrauch und Erhaltung zu berücksichtigen. Hinsichtlich der Amortisation hatte der Bundesgerichtshof einen Regelzeitraum von zehn Jahren vorgegeben, wobei die Gesetzesbegründung darauf hinweist, dass dieser Zehn-Jahreszeitraum nicht statisch sein darf. Es wird explizit darauf hingewiesen, dass die individuelle Kostentragungspflicht erst nach der Beschlussfassung feststeht, weil insbesondere im Vorfeld nicht abgeschätzt werden kann, ob das Quorum (mehr als 2/3 usw) erreicht wird. Wenn dieses Quorum des § 21 Absatz 2 WEG nicht erreicht wird, ist die Folge, dass nur die Wohnungseigentümer an den Kosten zu beteiligen sind, die für die Maßnahme gestimmt haben. Wohnungseigentümer, die mit Nein gestimmt oder sich enthalten haben, wären von den Kosten ausgenommen, haben dann auch keine Gebrauchsvorteile.

> **§ 21 Absatz 3 WEG**
> In allen anderen Fällen – also allen anderen baulichen Veränderungen – müssen die Kosten nur diejenigen Wohnungseigentümer tragen, die der baulichen Veränderung zugestimmt haben.

Aber auch nach der Beschlussfassung und Erreichen des 2/3-Quorums kann streitig sein, ob es sich um eine Maßnahme nach § 21 Absatz 2 WEG (alle sind an den Kosten zu beteiligen) oder § 21 Absatz 3 WEG (nur bestimmte Eigentümer sind an den Kosten zu beteiligen) handelt. Dies wird insbesondere dann der Fall sein, wenn streitig ist, ob eine Baumaßnahme mit unverhältnismäßigen Kosten vorliegt oder die Baumaßnahme sich möglicherweise in einem angemessenen Zeitraum amortisiert.

(Exklusive) Gebrauchsvorteile?

Grundsätzlich verläuft die Nutzung oder der Gebrauch einer baulichen Veränderung parallel mit der Kostentragungspflicht. Nach hier vertretener Auffassung stellt sich das bei dem Anbau von Balkonen, eines neuen Zauns, eines überdachten Eingangsbereichs oder einer besonderen gesicherten Hauseingangstür als schwierig dar.

> „Die übrigen Wohnungseigentümer sind demnach grundsätzlich auch vom Gebrauch ausgeschlossen. Dies setzt allerdings voraus, dass ein exklusiver Gebrauch des baulich veränderten gemeinschaftlichen Eigentums überhaupt möglich ist." (Bundestagsdrucksache 19/18791, Seite 67)

Der Gesetzesentwurf erläutert nicht, wie bauliche Veränderungen finanziert werden können. Nach alter Rechtslage besteht bereits der Grundsatz, dass bauliche Veränderungen – durch die unterschiedliche Kostenfolgen ausgelöst werden – nicht aus der Erhaltungsrücklage finanziert werden dürfen. Dies rückt bei der zukünftigen Planung und Beschlussfassung intensiver in den Fokus, denn die Finanzierung muss – soweit nicht alle Wohnungseigentümer beteiligt sind – stets durch eine Sonderumlage erfolgen.

Drei Lösungsansätze für Abstimmungen sind denkbar:
- ✓ Durchführung von Probeabstimmungen;
- ✓ Beschlüsse unter einer Bedingung: Die Wohnungseigentümer stimmen der Maßnahmen zu, aber nur unter Bedingung, dass letztlich alle Wohnungseigentümer an den Kosten beteiligt sind.

- ✓ Abstimmung nach der Subtraktionsmethode (Wer ist dagegen? Wer enthält sich? Dann ist der Rest dafür.). Die Wohnungseigentümer erkennen zuerst, wie hoch die Anzahl der Nein-Stimmen sind, ausgehend von dieser Information kann weiter entschieden werden.

Bei allen Abstimmungen ist stets zu berücksichtigen, dass auch Wohnungseigentümer in der Versammlung fehlen werden und somit keine Ja Stimme abgeben. Die Rechtsprechung wird klären müssen, wann Kosten unverhältnismäßig sind und Wohnungseigentümergemeinschaften müssen bei Fragen der Amortisation intensiver auf Baufachleute zurückgreifen, welche die benötigten Informationen bzw. Berechnungen zusammenstellen. Das ist nicht Aufgabe des Verwalters.

Nachträgliche Nutzung einer baulichen Veränderung und Änderung der Kostenverteilung

§ 21 Absatz 4 und 5 WEG geben der Wohnungseigentümergemeinschaft seit dem 1.12.2020 neue Beschlusskompetenzen, wonach Wohnungseigentümer nachträglich an der baulichen Veränderung beteiligt werden können, wenn sie zum Beispiel ihre Meinung geändert haben. Allerdings nur, wenn Sie einen angemessenen Ausgleich entrichten, der nach Miteigentumsanteilen berechnet wird. Die nachträgliche Nutzung und die Zahlung des angemessenen Ausgleichs muss über die Wohnungseigentümergemeinschaft erfolgen. Die Wohnungseigentümergemeinschaft ist Gläubigerin des Zahlungsanspruchs und verteilt die Einnahmen dann im Rahmen der Jahresabrechnung auf die betroffenen Wohnungseigentümer, welche die bauliche Veränderung ursprünglich bezahlt haben.

§ 21 Absatz 4 und 5 WEG

(4) Ein Wohnungseigentümer, der nicht berechtigt ist, Nutzungen zu ziehen, kann verlangen, dass ihm dies nach billigem Ermessen gegen angemessenen Ausgleich gestattet wird. Für seine Beteiligung an den Nutzungen und Kosten gilt § 21 Absatz 3 entsprechend.

(5) Die Wohnungseigentümer können eine abweichende Verteilung der Kosten und Nutzungen beschließen. Durch einen solchen Beschluss dürfen einem Wohnungseigentümer, der nach den vorstehenden Absätzen Kosten nicht zu tragen hat, keine Kosten auferlegt werden.

Auch eine Veränderung der Kostenverteilung ist unter den bereits zahlungspflichtigen Wohnungseigentümern möglich. Der Gesetzesentwurf stellt ausdrücklich klar, dass es sich um sogenannte „Zitterbeschlüsse" handelt, das heißt rechtswidrige Beschlüsse werden nach Ablauf der Anfechtungsfrist wirksam, wenn sie nicht gerichtsseitig aufgehoben werden.

12 Die Wohnungseigentümerversammlung

Die Wohnungseigentümerversammlung ist das zentrale Entscheidungsorgan der Wohnungseigentümergemeinschaft und wird von dem Verwalter mindestens einmal im Jahr einberufen.

Soweit die Wohnungseigentümergemeinschaft keine Regeln zum Ablauf einer Wohnungseigentümerversammlung aufgestellt hat, liegt es grundsätzlich im Ermessen des Verwalters, Zeitpunkt, Ort und Uhrzeit der einmal im Jahr stattfindenden Wohnungseigentümerversammlung zu bestimmen. In der Praxis finden diese Wohnungseigentümerversammlungen in der ersten Hälfte eines Kalenderjahres statt.

Der Verwalter kann allerdings auch dann verpflichtet sein, eine Wohnungseigentümerversammlung einzuberufen, wenn dies in Textform unter Angabe des Zweckes und der Gründe von mehr als einem Viertel der Wohnungseigentümer verlangt wird (§ 24 Absatz 2 WEG).

Besonderheiten: Fehlt ein Verwalter oder weigert er sich pflichtwidrig, die Versammlung der Wohnungseigentümer einzuberufen, so kann die Versammlung auch durch den Vorsitzenden des Verwaltungsbeirats, dessen Vertreter oder einen durch Beschluss ermächtigten Wohnungseigentümer einberufen werden (§ 24 Absatz 3 WEG).

Hat die ordentliche Wohnungseigentümerversammlung bereits stattgefunden, ist der Verwalter jederzeit berechtigt, weitere Wohnungseigentümerversammlungen durchzuführen. In der Praxis werden diese Wohnungseigentümerversammlungen außerordentliche Eigentümerversammlung genannt. Auch auf die außerordentliche Eigentümerversammlung sind die Vorschriften und Formalien der ordentlichen Wohnungseigentümerversammlung anzuwenden.

1. Teilnahmepflicht an der Wohnungseigentümerversammlung

In der Vergangenheit wurde oft die Meinung vertreten, dass die Wohnungseigentümer nicht verpflichtet sind, an der Willensbildung in der Wohnungseigentümerversammlung teilzunehmen.

Das Wohnungseigentumsgesetz definiert allerdings, dass jeder Wohnungseigentümer von der Wohnungseigentümergemeinschaft eine Verwaltung verlangen kann, die dem Interesse der Gesamtheit der Wohnungseigentümer nach billigem Ermessen (ordnungsmäßige Verwaltung und Benutzung) und, soweit solche bestehen, den gesetzlichen Regelungen, Vereinbarungen und Beschlüssen entsprechen.

> Der Bundesgerichtshof hat jüngst entschieden: „Erleidet ein einzelner Wohnungseigentümer einen Schaden an seinem Sondereigentum, weil eine Beschlussfassung über die sofortige Vornahme derartiger Instandsetzungsmaßnahmen unterblieben ist, so trifft die Verpflichtung zum Schadensersatz nicht den rechtsfähigen Verband, sondern diejenigen Wohnungseigentümer, die schuldhaft entweder untätig geblieben sind oder nicht für die erforderliche Maßnahme gestimmt bzw. sich enthalten haben."

Damit der geschädigte Wohnungseigentümer in die Lage versetzt wird, seine Ansprüche geltend zu machen, muss er wissen, gegen wen. Bei kritischen Themen bzw. Abstimmungen musste der Verwalter die Namen der Wohnungseigentümer vermerken, die gegen die Maßnahme gestimmt oder sich enthalten haben. Auch

Wohnungseigentümer, die nicht an der Eigentümerversammlung teilgenommen haben, machen sich schadensersatzpflichtig, da sie „schuldhaft untätig" geblieben sind.

Seit der WEG-Reform 2020 müssen die Namen weiterhin notiert werden, auch wenn der betroffene Wohnungseigentümer seine Ansprüche zunächst gegen die Wohnungseigentümergemeinschaft geltend machen muss. Im Innenverhältnis wird dann geprüft werden müssen, welche Wohnungseigentümer an ihrer Mitwirkungspflicht zur Willensbildung im Rahmen ordnungsmäßiger Verwaltung verstoßen haben.

2. Formalien zur Wohnungseigentümerversammlung

Verstöße gegen die grundlegenden Formalien zur Wohnungseigentümerversammlung können zur erfolgreichen Anfechtung der Beschlüsse führen.

Stimmrecht des Wohnungseigentümers
Das gesetzliche Stimmrecht eines Wohnungseigentümers ergibt sich aus §25 Absatz 2 WEG. Danach gilt das sogenannte **Kopfstimmrecht,** das heißt jeder Wohnungseigentümer hat eine Stimme, unabhängig davon, wie viele Einheiten ihm gehören. Die Gemeinschaftsordnung kann allerdings abweichende Stimmrechtsregelungen enthalten. Neben dem Kopfprinzip gibt es in der Praxis zwei weitere Möglichkeiten:
- **Objektprinzip:** Jeder Wohnungseigentümer hat beim Objektprinzip so viel Stimmen wie er selbstständige Wohnungs-/Teileigentumseinheiten hat.
- **Wertprinzip:** Jeder Wohnungseigentümer hat beim Wertprinzip so viel Stimmen wie er Miteigentumsanteile in derselben Anlage besitzt.

⇨	KOPFSTIMMRECHT

Beispiel 1: Wohnungseigentümer M besitzt drei Wohnungen = eine Stimme.

Beispiel 2: Eheleute M und Z sind zu je ½ Bruchteilen Wohnungseigentümer einer Wohnung. Die Eheleute M und Z haben zusammen eine Stimme und können diese nur einheitlich ausüben.

Beispiel 3: Eheleute M und Z sind zu je ½ Bruchteilen Wohnungseigentümer einer Wohnung. In der Wohnungseigentümerversammlung können sich M und Z nicht auf eine einheitliche Stimmabgabe einigen. Der Verwalter kann die Stimme der Eheleute M und Z nicht werten und darf – sofern nicht doch noch eine Einigung unter den Eheleuten erfolgt – die Stimme nicht mitzählen.

Beispiel Objektstimmrecht:
Wohnungseigentümer M besitzt drei Wohnungen = drei Stimmen.

Beispiel Wertprinzip:
Wohnungseigentümer M besitzt drei Wohnungen. Jede Wohnung hat einen Miteigentumsanteil von 100 MEA = Die Stimmkraft beträgt 300 Miteigentumsanteile (MEA).

Ausschluss vom Stimmrecht
Im Fall einer Interessenkollision ist der betreffende Wohnungseigentümer vom Stimmrecht ausgeschlossen.

⇨	BEISPIELE

- Auf der Wohnungseigentümerversammlung soll beschlossen werden, dass dem Wohnungseigentümer X das Wohnungseigentum entzogen werden soll, da er seit Monaten und mehrfach gröblich gegen seine Pflichten verstößt. Gemäß §17 WEG bedarf der Beschluss einer einfachen Mehrheit, wobei Wohnungseigentümer X vom Stimmrecht ausgeschlossen ist.
- Auf der Wohnungseigentümerversammlung soll beschlossen werden, dass der Wohnungseigentümer X gerichtlich auf Rückbau der ungenehmigten baulichen Veränderung in Anspruch genommen werden soll. Da es sich um die Einleitung eines Rechtsstreits handelt, ist Wohnungseigentümer X vom Stimmrecht ausgeschlossen.

Stimmrecht des Verwalters?
Wohnungseigentümer als Verwalter: Bei der Bestellung und Abschluss des Verwaltervertrages sollte dem Verwalter, wenn er zum Beispiel zugleich Wohnungseigentümer ist, auch nach der WEG-Reform 2020 ein

Stimmrecht zustehen. Der Bundesgerichtshof hatte hierzu bereits entschieden: Wenn mit der Bestellung gleichzeitig über den Abschluss des Verwaltervertrages beschlossen wird, liegt der Schwerpunkt der Beschlussfassung in der Bestellung und damit besteht in dieser Konstellation auch für den Abschluss des Verwaltervertrages kein Stimmrechtsverbot.

Bei einer Abberufung wurde vor dem 1.12.2020 wie folgt differenziert: Nur wenn der Verwalter bei Vorliegen eines wichtigen Grundes abberufen und der Verwaltervertrag außerordentlich gekündigt werden sollte, bestand ein Stimmverbot. Da der Verwalter seit dem 1.12.2020 jederzeit abberufen werden kann, stellt sich die Frage, ob diese Ansicht ab dem 1.12.2020 fortbesteht. Denn wenn bei einer ordentlichen Abberufung kein Stimmrechtsverbot bestehen würde, könnte der Verwalter die neuen Vorschriften umgehen und als Mehrheitseigentümer die Abberufung verhindern.

Verwalter und Vollmachten (Stellvertreter): Nach herrschender Meinung können die Vollmachten zur Abstimmung über die eigene Bestellung verwendet werden. Auch hier gilt das gleiche Prinzip wie beim Fall oben: Nur wenn gleichzeitig über die Bestellung und den Abschluss des Verwaltervertrages beschlossen wird, besteht kein Stimmrechtsverbot.

> ⚠ **ACHTUNG**
>
> Sollte es sich um eine Abberufung aus wichtigem Grund handeln, ist der bevollmächtigte Verwalter nach der Rechtsprechung und herrschenden Meinung vom Stimmrecht ausgeschlossen.

> ⚠ **WICHTIG**
>
> Ein Stimmrechtsverbot gilt auch für die Entlastung bzw. Einleitung eines Rechtsstreits gegen den Verwalter.

„Digitale" Wohnungseigentümerversammlung

Seitdem 1.12.2020 können die Wohnungseigentümer mit einfacher Mehrheit beschließen, dass Wohnungseigentümer an der Versammlung auch ohne Anwesenheit an deren Ort teilnehmen und sämtliche oder einzelne ihrer Rechte ganz oder teilweise im Wege elektronischer Kommunikation ausüben können.

> ⚠ **WICHTIG**
>
> Die Wohnungseigentümerversammlung in Präsenzform bleibt zwingend erhalten.

Es wird lediglich gestattet, dass Wohnungseigentümer „online" an der Wohnungseigentümerversammlung teilnehmen können. Was im neuen Wohnungseigentumsgesetz fehlt: Wer zahlt die Kosten der technischen Bereitstellung?

> **Weitere Denkanstöße, die in der Praxis beachtet bzw. noch zu lösen sind:**
> - Wie werden oder müssen die Online-Teilnehmer identifiziert werden?
> - Wie kann sichergestellt werden, dass das Prinzip der Nichtöffentlichkeit eingehalten wird?
> - Was passiert, wenn die Internetleitung „abbricht" – sind Beschlüsse erfolgreich anfechtbar?

Verwalter und Wohnungseigentümergemeinschaften müssen und sollten ihre Erfahrungen machen. Grundsätzlich ist die neue Beschlusskompetenz positiv zu bewerten.

> ⚠ **WICHTIG**
>
> Bei sämtlichen Formalien ist stets zu beachten, dass die Gemeinschaftsordnung andere Regelungen aufstellen kann. Entsteht seit der WEG-Reform 2020 eine Diskrepanz zwischen neuem Gesetz und Gemeinschaftsordnung, muss die neue Vorschrift des § 47 WEG (Auslegung von Altvereinbarungen) herangezogen werden.

Einladungsfrist: Mindestens drei Wochen, sofern nicht ein Fall besonderer Dringlichkeit besteht.

> ⚠ **WICHTIG**
>
> Bei der Fristberechnung kommt es auf den Zugang an und nicht auf das Absenden beim WEG-Verwalter.

Form der Einladung: Die Einladung kann der Verwalter in Textform übermitteln, das heißt neben dem gewöhnlichen Brief ist auch E-Mail oder Fax möglich. In der Praxis sollte der Verwalter sich mit den Wohnungseigentümern abstimmen, welches Verfahren in der Wohnungseigentümergemeinschaft zum Tragen kommt bzw. für eine Ladung per E-Mail ist selbstverständlich erforderlich, dass der Wohnungseigentümer dem Verwalter eine ladungsfähige E-Mail-Adresse mitteilt.

Zeitpunkt: Die Wohnungseigentümerversammlung darf nicht zu Unzeiten stattfinden. Jede Wohnungseigentümergemeinschaft hat eine andere Zusammensetzung, sodass der Verwalter darauf achten muss, dass eine größtmögliche Anzahl von Wohnungseigentümern teilnehmen kann. Nach überwiegender Meinung in der Literatur muss die Wohnungseigentümerversammlung bei einer gemischten Wohnungseigentümergemeinschaft (zum Beispiel Rentner, Kapitalanleger, Familien etc) Werktags ab 17 Uhr stattfinden. Der Verwalter und die Wohnungseigentümergemeinschaft können sich aber auf eine bestimmte Vorgehensweise oder einen bestimmten Zeitpunkt einigen.

Ort: Der Ort der Wohnungseigentümerversammlung muss verkehrsüblich, zumutbar und für jeden erreichbar sein. Der Versammlungsraum ist so zu wählen, dass eine problemlose Ein- und Auslasskontrolle durch den WEG-Verwalter möglich ist, fremde Einflüsse ferngehalten und sonstige Störungen unterbleiben. Darüber hinaus muss sich der Versammlungsraum am Ort oder in der Nähe der Wohnungseigentümergemeinschaft befinden. Auch wenn die Wohnungseigentümergemeinschaft beschlossen hat, dass Wohnungseigentümer „online" an der Wohnungseigentümerversammlung teilnehmen können, müssen weiterhin entsprechende Räume für die Wohnungseigentümer reserviert werden, die weiterhin persönlich an der Präsenzversammlung teilnehmen möchten.

Muster eines Einladungsschreibens:

EG Musterstraße 4, 40000 Musterstadt

Einladung zur ordentlichen *(außerordentlichen)* Eigentümersammlung

Sehr geehrte Damen und Herren,
als Verwalter der oben genannten Wohnungseigentümergemeinschaft laden wir Sie hiermit recht herzlich zur Eigentümerversammlung ein. Diese findet statt am:

Datum/Einlass/Beginn Uhrzeit:

_____

Versammlungsort:
Name, Straße, PLZ + Ort, Telefon, Fax

Als Anlagen überreichen wir Ihnen:
1. Tagesordnung nebst Beschlussvorschlägen und Anlagen *(zum Beispiel Entwurf Verwaltervertrag, Preisspiegel zu TOP _____)*
2. Vollmachtvordruck
3. Jahresabrechnung gemäß § 28 WEG des Kalenderjahres _____ nebst Anlagen *(zum Beispiel Heizkostenabrechnung ...)*
4. Wirtschaftsplan gemäß § 28 WEG für das Kalenderjahr _____

Über Ihre persönliche Teilnahme an der Eigentümerversammlung würden wir uns freuen. Sollten Sie verhindert sein, bedienen Sie sich bitte des beigefügten Vollmachtvordrucks. *(Alternative: Bitte beachten Sie, dass Sie sich gemäß dem Inhalt der Gemeinschaftsordnung (Urkunde Nr. _____, Seite _____, Ziffer ___) nur durch folgende Personen vertreten lassen dürfen: _____.)*

Die Versammlung ist unabhängig davon, wie viele Miteigentumsanteile anwesend oder vertreten sind, stets beschlussfähig.

Mit freundlichen Grüßen
WEG-Verwalter

*(Hinweis: Gemäß § 24 Absatz 4 S. 1 WEG kann die Einladung in **Textform**, nicht Schriftform übermittelt werden.)*

Nichtöffentlichkeitsprinzip: Die Versammlung ist nicht öffentlich. Es dürfen grundsätzlich nur Wohnungseigentümer teilnehmen. Allerdings gibt es einige wichtige Ausnahmen: So darf ein Wohnungseigentümer, welcher der deutschen Sprache nicht hinreichend mächtig ist, einen Dolmetscher hinzuziehen, damit er auch an der Willensbildung teilnehmen kann oder der Wohnungseigentümer ist auf einen Betreuer angewiesen bzw. hat einen vom Gericht bestellten Vormund.

Vertretung: Vollmachten bedürfen zu ihrer Gültigkeit der Textform, können also auch per E-Mail, Fax oder sogar per SMS ausgestellt werden. Eine Vertretung in der Wohnungseigentümerversammlung ist grundsätzlich durch jeden Dritten möglich, soweit die Gemeinschaftsordnung den Vertreterkreis nicht einschränkt. Ein Wohnungseigentümer kann sich bei der Ausübung seines Stimmrechts auch durch mehrere Bevollmächtigte vertreten lassen. Diese können jedoch nur einheitlich abstimmen, wenn sie gleichzeitig in der Versammlung anwesend sind.

⇨	**BEISPIEL EINER VEREINBARUNG IN DER GEMEINSCHAFTSORDNUNG**
	„Vertreten dürfen nur der Verwalter, Ehegatten oder ein Wohnungseigentümer".

Tagesordnung: Die Tagesordnung muss die Möglichkeit der Vorbereitung geben und die Wohnungseigentümer vor Überraschungen schützen. Die Bezeichnung muss so gewählt sein, dass jeder Wohnungseigentümer verstehen und überblicken kann, worum es geht und welche Auswirkungen ein Beschluss hat. Grundsätzlich hat jeder Wohnungseigentümer einen Anspruch auf Aufnahme von Tagesordnungspunkten, soweit deren Behandlung ordnungsmäßiger Verwaltung entsprechen. Es müssen also sachliche Gründe vorliegen, warum dieser eine Tagesordnungspunkt erörtert und dann gegebenenfalls ein Beschluss darüber gefasst werden soll. Sollte der Verwalter die Aufnahme von Tagesordnungspunkten ohne Grundlage ignorieren, kann er sich gegenüber der Wohnungseigentümergemeinschaft schadensersatzpflichtig machen und gezwungen werden, eine außerordentliche Eigentümerversammlung einzuberufen. Die Schwierigkeit liegt darin zu erkennen, ob der Tagesordnungspunkt ordnungsmäßiger Verwaltung entspricht oder nicht. Das Entscheidungsrecht des Verwalters, Anträge nicht aufzunehmen, ist allerdings sehr stark eingeschränkt.

Sobald der Verwalter zur Wohnungseigentümerversammlung eingeladen hat und die gesetzliche Ladungsfrist von drei Wochen läuft, können keine Tagesordnungspunkte mehr nachgeschoben werden. Sollten dennoch Tagesordnungspunkte nachgeschoben und beschlossen werden, können diese beim zuständigen Amtsgericht erfolgreich angefochten werden. Es ist aber möglich, während der Wohnungseigentümerversammlung spontan Geschäftsordnungsbeschlüsse zu fassen. Geschäftsordnungsbeschlüsse regeln dabei nur den Ablauf einer Wohnungseigentümerversammlung (zum Beispiel Zulassung von Gästen, Verschiebung von Tagesordnungspunkten, Rauchverbot, Redezeiten etc).

⇨	**BEISPIEL EINER TAGESORDNUNG**

Tagesordnung

zur Eigentümerversammlung der **WEG Musterstraße 4, 40000 Musterstadt**

am **16.2.2021** um **17.00 Uhr** in der Gaststätte Calderone, Musterweg 5, 40000 Musterstadt

TOP 1: Begrüßung und Feststellung der Stimmkraft

TOP 2: Bericht des Verwalters

TOP 3: Beschluss über die Einforderung von Nachschüssen oder die Anpassung der beschlossenen Vorschüsse für das Kalenderjahr 2020 (Jahresabrechnung)

TOP 4: Beschluss über die Vorschüsse zur Kostentragung und zu den Rücklagen für das Kalenderjahr 2021 (Wirtschaftsplan)

TOP 5: Entlastung des Verwalters

TOP 6: Entlastung des Verwaltungsbeirates

TOP 7: Beschlussfassung über den Austausch der Kinderschaukel

TOP 8: Sonstiges

Beschlussfähigkeit: Mit der Reform des Wohnungseigentumsgesetzes 2020 wurde die Beschlussfähigkeit einer Wohnungseigentümerversammlung abgeschafft. Damit ist ab dem 1.12.2020 jede Wohnungseigentümerversammlung beschlussfähig, unabhängig davon, wie viele Wohnungseigentümer anwesend oder vertreten sind. Im Gesetz ist zwar nicht gefordert, dass der Verwalter bei der Ladung darauf hinweist, gleichwohl wird empfohlen, die Wohnungseigentümer explizit darauf aufmerksam machen, dass jede Wohnungseigentümerversammlung beschlussfähig ist.

Beispiel an einer Wohnungseigentümergemeinschaft mit 30 Wohnungen:

Tag der Wohnungseigentümerversammlung	
Anzahl der Wohnungseigentümer (Gesamt)	30
Anzahl der erschienenen Wohnungseigentümer	2
Anzahl der durch Vollmacht vertretenden Wohnungseigentümer	2
Anzahl der stimmberechtigten Wohnungseigentümer	**4 von 30**

Die vier stimmberechtigten Wohnungseigentümer sind in der Lage, auch wenn 26 Wohnungseigentümer nicht da sind, entsprechende Beschlüsse mit einfacher Mehrheit zu fassen.

Abstimmungsmethoden
Im Wohnungseigentumsgesetz gibt es keine Regelungen zu den Abstimmungsmethoden. In Betracht kommen daher folgende Möglichkeiten:
- Abstimmung durch Handzeichen,
- geheime Abstimmung (schriftlich),
- Abstimmung durch das Ausfüllen von Stimmzetteln (oder elektronische Verfahren),
- namentliche Abstimmung,
- zukünftig auch: Abstimmung in elektronischer Form, wenn Wohnungseigentümer online teilnehmen.

Sofern in der Gemeinschaftsordnung keine Vorgaben für das Abstimmungsverfahren (Abstimmungsmodus) getroffen sind, entscheidet hierüber der Versammlungsvorsitzende oder nach einer entsprechenden Abstimmung (Geschäftsordnungsbeschluss) die anwesenden Wohnungseigentümer.

Subtraktionsmethode des Bundesgerichtshofs: Danach kann der Versammlungsleiter das tatsächliche Ergebnis einer Abstimmung auch dadurch feststellen, dass er bereits nach der Abstimmung über zwei von drei – auf Zustimmung, Ablehnung oder Enthaltung gerichteten – Abstimmungsfragen die Zahl der noch nicht abgegebenen Stimmen als Ergebnis der dritten Abstimmungsfrage wertet.

Niederschrift und Beschluss-Sammlung: Nach der Wohnungseigentümerversammlung muss der Versammlungsleiter unverzüglich (ohne schuldhaftes Zögern) eine Ergebnis-Niederschrift mit den verkündeten Beschlüssen erstellen und diese Beschlüsse zusätzlich in eine Beschluss-Sammlung eintragen. Analog zur Beschluss-Sammlung gilt die Erstellung noch als unverzüglich, wenn dies binnen einer Woche erfolgt (Jennißen, WEG, 6. Aufl. 2019, § 24 Rn. 194). Die Niederschrift wird in Praxis auch Protokoll genannt.

Die Beschluss-Sammlung wurde mit der WEG-Reform 2007 eingeführt und ist vom Verwalter zu führen. Sämtliche Beschlüsse, die vor dem 1.7.2007 gefasst wurden, müssen sich nicht zwingend in der Beschluss-Sammlung befinden. Die Beschluss-Sammlung enthält nur den Wortlaut der in der Wohnungseigentümerversammlung verkündeten Beschlüsse mit Angabe von Ort und Datum der Versammlung und auch relevante Gerichtsentscheidungen (Urteilsformeln des jeweiligen Gerichtes) der Wohnungseigentümergemeinschaft mit Angabe ihres Datums, des Gerichts und der Parteien. Alle Eintragungen sind fortlaufend einzutragen und zu nummerieren. Soweit Beschlüsse beim zuständigen Amtsgericht angefochten oder aufgehoben werden, muss dies deutlich in der Beschluss-Sammlung vermerkt werden. Soweit also eine verlässliche Beschlusslage der Wohnungseigentümergemeinschaft ermittelt werden möchte, muss die Beschluss-Sammlung ab dem 1.7.2007 und alle vorhandenen Niederschriften (Protokolle) bis zum 30.6.2007 eingesehen werden. Einem Wohnungseigentümer oder einem Dritten, den ein Wohnungseigentümer ermächtigt hat, ist auf sein Verlangen hin Einsicht in die Beschluss-Sammlung zu geben.

Muster einer Beschluss-Sammlung:

lfd. Nr.	Wortlaut der verkündeten Beschlüsse / Urteilsformeln	Verkündung	Anmerkung	Eintragungsdatum
	Beschluss-Sammlung: WEG Musterstraße 4, 40000 Musterstadt			
23	Die Eigentümergemeinschaft beschließt die Einforderung von Nachschüssen bzw. Anpassung der beschlossenen Vorschüsse gemäß Ausweis in den Einzelabrechnungen 2020 mit Druckdatum vom 10.1.2021.	Eigentümerversammlung vom 16.02.2021, Gaststätte Calderone, Musterweg 5, 40000 Musterstadt		19.2.2021
24	Die Eigentümergemeinschaft beschließt die monatlich jeweils bis zum 3. Werktag im Voraus fälligen Vorschüsse zur Kostentragung und zu den Rücklagen gemäß den vorgelegten Einzelwirtschaftsplänen mit Druckdatum vom 10.1.2021 für das Kalenderjahr 2021. Die vorgenannte Vorschusspflicht zur Kostentragung und zu den Rücklagen gilt so lange, bis eine neue Vorschusspflicht zur Kostentragung bzw. zu den Rücklagen gefasst wird.	Eigentümerversammlung vom 16.2.2021, Gaststätte Calderone, Musterweg 5, 40000 Musterstadt		19.2.2021

3. Anfechtung von Beschlüssen (Beschlussklagen)

Oftmals ist den Wohnungseigentümer nicht bekannt, dass es die Möglichkeit der Beschlussanfechtung gibt, das heißt in der Praxis bekommen die Verwalter oft gewöhnliche „Einsprüche" per Brief, Fax oder E-Mail. Es wird davon ausgegangen, dass ein schriftlicher Einspruch beim Verwalter ausreichend ist und der Beschluss dann nicht umgesetzt oder sogar ausgesetzt wird. Ein Beschluss kann nur mittels einer Beschlussanfechtung „gekippt" werden. Gemäß § 45 WEG muss die Beschlussanfechtungsklage innerhalb eines Monats (nicht vier Wochen) nach Beschlussfassung bzw. Verkündung des Beschlusses erhoben werden. Die Klagefrist ist eine materiell-rechtliche Ausschlussfrist für die Geltendmachung von Anfechtungsgründen. Wird sie versäumt, wird die Klage als unbegründet abgewiesen, und die Beschlüsse – soweit sie nicht nichtig sind – sind ab diesem Zeitpunkt bestandskräftig.

> **Fristen Beschlussanfechtung:**
> Die Frist endet gemäß § 188 Absatz 2 BGB (Bürgerliches Gesetzbuch) mit Ablauf des Tages, der im darauffolgenden Monat dem Tag der Beschlussfassung entspricht. Hat der Monat weniger als 31 Tage, ist § 188 Absatz 3 BGB anzuwenden. Fand die Eigentümerversammlung am 30.1. statt, endet die Beschlussanfechtungsfrist somit am 28.2. bzw. 29.2. Ist das

> Fristende ein Samstag, Sonn- oder Feiertag, läuft die Frist erst mit dem Ende des nächsten Werktags ab (§ 193 BGB).

Das Gericht kann auf Klage eines Wohnungseigentümers auch seine Nichtigkeit feststellen (Nichtigkeitsklage). Soweit eine notwendige Beschlussfassung unterbleibt, kann das Gericht auf Klage eines Wohnungseigentümers auch den entsprechenden Beschluss fassen (Beschlussersetzungsklage).

→ HINWEIS
Ein Beschluss ist so lange gültig, solange er nicht durch rechtskräftiges Urteil für ungültig erklärt wird.

4. Checkliste: Wohnungseigentümerversammlung

✓ **Anträge zur Wohnungseigentümerversammlung**
Eine Wohnungseigentümerversammlung findet in der Regel einmal im Jahr statt. Anträge sollten daher rechtzeitig bei der Verwaltung eingereicht werden.

✓ **Einladung zur Wohnungseigentümerversammlung und Formalien**
Achten Sie darauf, dass alle Formalien (insbesondere Einladungsfrist) eingehalten werden und alle notwendigen Informationen vorliegen, um sich optimal auf die Wohnungseigentümerversammlung

vorzubereiten und an der Willensbildung teilzunehmen. Formale Fehler führen allerdings nicht
immer zur erfolgreichen Anfechtung der Beschlüsse.
Die herrschende Meinung vertritt die Ansicht, dass
der formale Fehler sich auf die Beschlussfassung aus-
wirken muss.

✓ **Einhaltung ordnungsmäßiger Verwaltung und
Teilnahme an der Willensbildung**
Es besteht zwar keine Anwesenheitspflicht, aber eine
Pflicht an der ordnungsmäßigen Verwaltung mit-
zuwirken. Bei einer Verhinderung sollte unbedingt
eine Vollmacht, gegebenenfalls mit entsprechender
Weisung, ausgestellt werden.

✓ **Niederschrift**
Prüfen Sie, ob die Niederschrift die verkündeten
Beschlüsse wiedergibt und ob sich für Sie persön-
lich Informationen ergeben, die zukünftig beachtet
werden müssen (zum Beispiel Änderungen bei der
Hausordnung etc). Ein Anspruch auf Korrektur der
Niederschrift besteht nur, wenn sich die Rechtsposi-
tion dadurch verbessert.

13 Finanzen in der Wohnungseigentümergemeinschaft

Jedem Wohnungseigentümer gebührt ein seinem Anteil entsprechender Bruchteil der Früchte des gemeinschaftlichen Eigentums und des Gemeinschaftsvermögens. Der Anteil bestimmt sich nach dem gemäß § 47 GBO (Grundbuchordnung) im Grundbuch eingetragenen Verhältnis der Miteigentumsanteile.

Der Verwalter hat jeweils für ein Kalenderjahr einen Wirtschaftsplan und nach Ablauf dieses Kalenderjahres eine Abrechnung über den Wirtschaftsplan (Jahresabrechnung) aufzustellen (§ 28 WEG). Im Rahmen der Abrechnungserstellung ist darauf zu achten, dass eine ordnungsgemäße Kostenverteilung auf die einzelnen Wohnungseigentümer erfolgt. Im Zusammenhang mit der Bewirtschaftung der Wohnungseigentümergemeinschaft muss der Verwalter die eingenommenen Gelder (Vorschusszahlungen der jeweiligen Wohnungseigentümer) verwalten. Manchmal muss auch auf ein gerichtliches Verfahren zurückgegriffen werden, um zum Beispiel Geldschulden von säumigen Wohnungseigentümern beizutreiben.

1. Zahlungsverkehr

Der Verwalter ist dafür zuständig, alle Zahlungen und Leistungen zu bewirken und entgegenzunehmen, die mit der laufenden Verwaltung des gemeinschaftlichen Eigentums zusammenhängen. Damit die eingenommenen Gelder ordnungsgemäß verwaltet werden können, muss der Verwalter ein offenes Fremdgeldkonto für die Wohnungseigentümergemeinschaft anlegen.

> **Offenes Fremdgeldkonto:**
> Es handelt sich um ein Konto, bei dem die Wohnungseigentümergemeinschaft Kontoinhaber ist.

Gemäß § 9b Absatz 1 WEG wird die Wohnungseigentümergemeinschaft durch den Verwalter vertreten, sodass dieser zur Kontoführung berechtigt ist. Im Innenverhältnis kann die Wohnungseigentümergemeinschaft Regelungen zur Art und Weise der Kontoführung aufstellen (§ 27 Absatz 2 WEG). Zur Abwicklung des täglichen Zahlungsverkehrs wird ein Girokonto geführt. Ein separates Rücklagenkonto ist nicht zwingend erforderlich, kann aber zur Erzielung von Zinseinnahmen – je nach Marktlage – ebenfalls angelegt werden.

2. Gesetzliche oder vereinbarte Kostenverteilung

Gemäß § 16 Absatz 2 WEG werden alle Kosten (Ausgaben) und Einnahmen nach Miteigentumsanteilen auf alle Wohnungseigentümer verteilt, allerdings sind bei der Verteilung der Heizkosten einer zentralen Heizungsanlage (zum Beispiel Kostenverteilung nach Grundfläche 30 Prozent und 70 Prozent Verbrauch) zwingend die Bestimmungen der Heizkostenverordnung zu beachten.

> **Bundesgerichtshof, Urteil vom 17.1.2012 – V ZR 251/10:**
> Die Regelungen der Heizkostenverordnung gelten für die Wohnungseigentümergemeinschaft unmittelbar; einer Vereinbarung oder eines Beschlusses über ihre Geltung bedarf es nicht.

Bei der Verteilung der Heizkosten ist allerdings zu beachten, dass dem Wohnungseigentümer stets die tatsächlich verbrauchten Kosten je Kalenderjahr in der Einzelabrechnung berechnet werden. Hinsichtlich der

Umlage der verausgabten Gelder für die angeschafften, aber noch nicht verbrauchten Brennstoffe enthält die Heizkostenverordnung keine Regelung. Diese Kosten sind daher zunächst nach dem allgemeinen, in § 16 Absatz 2 WEG bestimmten oder nach einem ansonsten vereinbarten Kostenverteilungsschlüssel zu verteilen. In der Praxis ist zwar höchstrichterlich geklärt, wie die Verteilung zu erfolgen hat, allerdings gibt es bei der Darstellung noch erhebliche Meinungsverschiedenheiten. Der Bundesgerichtshof hatte in seiner Entscheidung aus dem Jahr 2012 unter anderem darauf hingewiesen, dass der Unterschiedsbetrag zwischen den angeschafften Brennstoffen (Öl, Gas etc) und den tatsächlich verbrauchten Brennstoffen verständlich erläutert werden muss.

> **Bundesgerichtshof, Urteil vom 17.1.2012 – V ZR 251/10:**
> In die Jahresgesamtabrechnung sind alle im Abrechnungszeitraum geleisteten Zahlungen, die im Zusammenhang mit der Anschaffung von Brennstoff stehen, aufzunehmen.
>
> Für die Verteilung in den Einzelabrechnungen sind dagegen die Kosten des im Abrechnungszeitraum tatsächlich verbrauchten Brennstoffs maßgeblich.
>
> Der Unterschiedsbetrag ist in der Abrechnung verständlich zu erläutern.

In der Regel wird ein externer Messdienstleister mit der Ablesung der Zählerstände (Heizung, gegebenenfalls auch Wasser) und der Erstellung der Heizkosten- bzw. Wasserabrechnung beauftragt. Regelt die Gemeinschaftsordnung eine andere Kostenverteilung, sind die Kosten nach diesen Vorgaben abzurechnen, soweit diese Bestimmung nicht gegen ein anderes Gesetz verstößt (zum Beispiel Heizkostenverordnung).

Änderung der Kostenverteilung

Seitdem 1.12.2020 besteht die Möglichkeit, den Kostenverteilerschlüssel für einzelne Kosten oder bestimmte Arten von Kosten – mit Ausnahme der baulichen Veränderung – oder von einer Vereinbarung in der Gemeinschaftsordnung abweichenden Verteilung zu beschließen.

Es gibt nun zwei Kostengruppen, die durch einfachen Mehrheitsbeschluss und stets für die Zukunft verändert werden können:

1. Änderung von einzelnen Kosten
Diese Kosten sind konkret bestimmbar und fallen einmalig an.

> ⇨ **BEISPIEL**
>
> Die Wohnungseigentümer können über die Verteilung der Kosten einer konkreten Erhaltungsmaßnahme, etwa eines Fensteraustauschs, beschließen.

Allerdings muss bei einer Einzelfallentscheidung stets auf den Gleichbehandlungsgrundsatz geachtet werden.

→ **HINWEIS**
Wird dagegen eine entsprechende Kostenverteilung nur für einzelne Fälle beschlossen, kann sich daraus ein Anspruch der übrigen Wohnungseigentümer auf Gleichbehandlung ergeben, dem im Rahmen künftiger Beschlussfassung Rechnung zu tragen ist.

> ⇨ **BEISPIEL**
>
> In einer Wohnungseigentümergemeinschaft wird beschlossen, dass der Wohnungseigentümer Fritz sein defektes Fenster im Schlafzimmer allein zahlen soll. Ein Jahr später ist das Fenster des Wohnungseigentümers Foxi defekt. Hier greift dann zunächst die gesetzliche Kostenverteilung, wonach die Kosten nach Miteigentumsanteilen auf alle Wohnungseigentümer verteilt werden müssen. Hier würde dann eine Ungleichbehandlung entstehen, sodass diese Vorgehensweise ordnungswidrig wäre und erneut ein Beschluss gefasst werden müsste, wonach Foxi das Fenster selbst zahlen muss.

2. Änderung von bestimmten Arten von Kosten
Hier handelt es sich um wiederkehrende, aber gleichartige Positionen (zum Beispiel Müllgebühren, Verwaltervergütung etc), aber auch unregelmäßige wiederkehrende Positionen (zum Beispiel Erhaltungsmaßnahmen).

> ⇨ **BEISPIEL**
>
> Die Wohnungseigentümer können demnach etwa beschließen, dass jeder Wohnungseigentümer die Kosten für den Austausch derjenigen Fenster zu tragen hat, die sich im Bereich seines Sondereigentums befinden.

⇨ **BEISPIEL**

Die Wohnungseigentümergemeinschaft beschließt, dass sämtliche Kosten der Wohnungseigentümergemeinschaft zukünftig nicht mehr nach Miteigentumsanteilen, sondern nach Quadratmetern verteilt werden.

3. Der Wirtschaftsplan

Der Wirtschaftsplan bildet die Rechtsgrundlage für die Vorschussbeiträge und sichert die Liquidität der Wohnungseigentümergemeinschaft für das laufende Kalenderjahr. Ohne wirksamen Beschluss in einer Wohnungseigentümerversammlung oder durch Umlaufbeschluss über die Vorschüsse zur Kostentragung bzw. Rücklagen ist kein Wohnungseigentümer verpflichtet, entsprechende Zahlungen zu leisten.

Der Verwalter hat jeweils für ein Kalenderjahr einen Wirtschaftsplan aufzustellen und der Wohnungseigentümergemeinschaft zur Genehmigung in der Wohnungseigentümerversammlung vorzulegen. Das Wohnungseigentumsgesetz regelt zwar nicht, dass die monatlichen Vorschüsse in zwölf gleichen Raten gezahlt werden, in der Praxis ist es aber üblich, die Vorschüsse monatlich fällig zu stellen.

Seit dem 1.12.2020 beschließt die Wohnungseigentümergemeinschaft nur noch über die Vorschüsse zur Kostentragung bzw. Rücklagen. Das Zahlenwerk, also der Wirtschaftsplan, dient nur noch der Beschlussvorbereitung und ist damit nicht mehr Beschlussgegenstand. Eine Anfechtung des Wirtschaftsplans sollte daher nicht mehr erfolgreich sein, solange sich ein Fehler nicht auf die Zahlungspflichten (Vorschüsse zur Kostentragung und Rücklagen) auswirkt.

§ 28 Absatz 1 WEG
Die Wohnungseigentümer beschließen über die Vorschüsse zur Kostentragung und zu den nach § 19

Absatz 2 Nummer 4 oder durch Beschluss vorgesehenen Rücklagen. Zu diesem Zweck hat der Verwalter jeweils für ein Kalenderjahr einen Wirtschaftsplan aufzustellen, der darüber hinaus die voraussichtlichen Einnahmen und Ausgaben enthält.

Ein Gesamtwirtschaftsplan stellt als Haushaltsplan die voraussichtlichen Einnahmen und Ausgaben während eines bestimmten Zeitraums (zum Beispiel 1.1. bis 31.12. des Jahres) auf. Er zeigt im Einzelwirtschaftsplan die anteilsmäßige Verpflichtung der Wohnungseigentümer zur Vorschusszahlung sowie gegebenenfalls deren Beitragsleistungen zur Erhaltungsrücklage oder sonstige Rücklagen. Er weist ebenfalls die anteilige Belastung der Wohnungseigentümer rechnerisch aus.

→ **HINWEIS**

Besonders bei einer neu gegründeten Wohnungseigentümergemeinschaft (aber auch einer bestehenden Wohnungseigentümergemeinschaft) können sich in den ersten Monaten bzw. Jahren Liquiditätsprobleme ergeben, da einige Kostenpositionen, wie zum Beispiel die Prämie der Wohngebäudeversicherung, Schlussrechnungen von Energieversorgern oder die Kabelgebühren sofort oder relativ früh im Jahr in einer Summe zu zahlen sind, obwohl die Wohnungseigentümer diese Kosten in zwölf Raten auf das Konto der Wohnungseigentümergemeinschaft einzahlen. Daher ist bei einer gerade gegründeten Wohnungseigentümergemeinschaft neben dem Wirtschaftsplan stets eine Sonderumlage einzufordern.

⇨ **BEISPIEL EINES BESCHLUSSES ZUM WIRTSCHAFTSPLAN**

TOP 2: Beschluss über die Vorschüsse zur Kostentragung und zu den Rücklagen für das Kalenderjahr 2019 (Wirtschaftsplan)

Nach ausführlicher Beratung stimmt die Gemeinschaft der Wohnungseigentümer über nachstehenden Beschlussvorschlag ab:

Die Wohnungseigentümergemeinschaft beschließt die monatlich jeweils bis zum 3. Werktag im Voraus fälligen Vorschüsse zur Kostentragung und zu den Rücklagen gemäß den vorgelegten Einzel-Wirtschaftsplänen mit Druckdatum vom 1.12.2020 für das Kalenderjahr 2019.

Die vorgenannte Vorschusspflicht zur Kostentragung und zu den Rücklagen gilt so lange, bis eine neue Vorschusspflicht zur Kostentragung bzw. zu den Rücklagen gefasst wird.

Probleme des Wirtschaftsplans

In der Regel werden die Vorschüsse in zwölf gleichen Raten an die Wohnungseigentümergemeinschaft gezahlt. Eine monatliche Fälligkeit der Vorschusszahlungen birgt aber Risiken und Gefahren, denn es ist nicht sichergestellt, dass die monatlichen Einnahmen auch die monatlichen Ausgaben decken.

Nachfolgende Tabelle soll das Problem jeder Wohnungseigentümergemeinschaft verdeutlichen:

	1. Vorschüsse Gesamt	2. Ausgaben im Kalenderjahr	3. Entwicklung der Konten
Kontostand 1.1.			**0,00 EUR**
Januar	10.000,00 EUR	-12.000,00 EUR	-2.000,00 EUR
Februar	10.000,00 EUR	-9.000,00 EUR	-1.000,00 EUR
März	10.000,00 EUR	-13.000,00 EUR	-4.000,00 EUR
April	10.000,00 EUR	-7.000,00 EUR	-1.000,00 EUR
Mai	10.000,00 EUR	-9.000,00 EUR	0,00 EUR
Juni	10.000,00 EUR	-10.000,00 EUR	0,00 EUR
Juli	10.000,00 EUR	-11.000,00 EUR	-1.000,00 EUR
August	10.000,00 EUR	-11.000,00 EUR	-2.000,00 EUR
September	10.000,00 EUR	-8.000,00 EUR	0,00 EUR
Oktober	10.000,00 EUR	-10.000,00 EUR	0,00 EUR
November	10.000,00 EUR	-11.000,00 EUR	-1.000,00 EUR
Dezember	10.000,00 EUR	-12.000,00 EUR	-3.000,00 EUR
Gesamt 31.12.	**120.000,00 EUR**	**-123.000,00 EUR**	**-3.000,00 EUR**

Zu 1: Die Wohnungseigentümergemeinschaft hat gemäß dem beschlossenen Wirtschaftsplan insgesamt einen zu zahlenden Jahresvorschuss in Höhe von 120.000 EUR festgelegt, welcher allerdings monatlich von den Wohnungseigentümern aufzubringen ist (pro Monat 10.000,00 EUR).

Zu 2: Die Ausgaben des Kalenderjahres sind zwar in dem Wirtschaftsplan in Ansätzen kalkuliert, allerdings kann nicht immer vorhergesehen werden, wann und in welcher Höhe die Ausgaben tatsächlich angefordert werden.

> ⇨ **BEISPIELE:**
>
> - Die Wohngebäudeversicherung schickt dem Verwalter im Januar 2020 die gesamte Jahresrechnung für das Kalenderjahr 2020 in Höhe von 1.200,00 EUR. Im Wirtschaftsplan ist diese Ausgabe zwar auch mit 1.200,00 EUR angesetzt, allerdings zahlen die Wohnungseigentümer monatlich immer 1/12 der 1.200,00 EUR auf das Konto der Wohnungseigentümergemeinschaft ein, sodass bereits im Januar ein Liquiditätsproblem entsteht.
> - Der Öltank der Wohnungseigentümergemeinschaft ist bereits im Februar 2020 leer. Der Verwalter muss sofort Öl einkaufen und wird deshalb im Februar 2020 mehr Geld ausgeben, als in diesem Monat über die monatliche Zahlung der Wohnungseigentümer vereinnahmt wird.

In der Praxis bekommen die Wohnungseigentümer von dem Problem nichts mit, denn der Verwalter greift zeitweise auf die Erhaltungsrücklage zu, um die Liquiditätsprobleme der Wohnungseigentümergemeinschaft bzw. der Wohnungseigentümer kurzfristig – nämlich bis zur Erstellung der Jahresabrechnung – zu überbrücken.

Es erstaunt daher, wenn die Wohnungseigentümer dem Verwalter diese Vorgehensweise oftmals negativ auslegen, denn es gibt ansonsten nur folgende unpopuläre Möglichkeiten, um den Zugriff zur Liquiditätssicherung zu vermeiden:

- Die gesamten Vorschusszahlungen werden nicht monatlich abgerufen, sondern im Januar wird von jedem Wohnungseigentümer der gesamte Jahresvorschuss eingezahlt. In dem obigen Beispiel also 120.000,00 EUR.
- Der Verwalter ruft im Januar und immer dann, wenn es erforderlich wird, eine Sonderumlage bei den Wohnungseigentümern ab.
- Die Wohnungseigentümergemeinschaft bildet eine Liquiditätsrücklage. Auch hierfür müssen von den Wohnungseigentümern finanzielle Mittel bereitgestellt werden. Die Liquiditätsrücklage ist nur dafür da, etwaige Liquiditätsprobleme, die im Laufe des Kalenderjahres entstehen, temporär auszugleichen.

Im Übrigen ist bei allen Möglichkeiten noch nicht berücksichtigt, dass auch die Wahrscheinlichkeit besteht, dass einzelne Wohnungseigentümer mit den Vorschusszahlungen ausfallen, das heißt die Einnahmen-Seite verringert sich und führt zu weiteren Liquiditätsproblemen.

→ HINWEIS

Der Verwalter sollte sich sicherheitshalber durch Beschluss der Wohnungseigentümergemeinschaft ermächtigen lassen, zeitweise zur Liquiditätssicherung auf die Erhaltungsrücklage zuzugreifen. Diese Vorgehensweise ist nicht unumstritten. In der obergerichtlichen Rechtsprechung ist strittig, wie genau ein derartiger Beschluss formuliert sein muss, damit er einer möglichen Beschlussanfechtung standhält.

4. Sonderumlage

Sofern die Ansätze des Wirtschaftsplanes sich als falsch herausstellen, durch neue Tatsachen überholt sind, zum Beispiel

- unvorhersehbare Ausgaben auftreten oder
- Wohnungseigentümer mit ihren Zahlungen ausfallen oder die
- Erhaltungsrücklage für Erhaltungsmaßnahmen nicht ausreichend ist,

wird in der Praxis eine Sonderumlage erhoben.

Es handelt sich um eine Ergänzung des Wirtschaftsplans und Schaffung von Liquidität. Sonderumlagen müssen ebenfalls auf einer Wohnungseigentümerversammlung mit einfachem Mehrheitsbeschluss genehmigt werden.

Darüber hinaus sollte der Beschluss folgende Inhalte haben:

- Höhe der Sonderumlage (richtet sich jeweils nach dem geschätzten Finanzbedarf),
- Umlagemaßstab (in der Regel sind Miteigentumsanteile bzw. Regelungen aus der Gemeinschaftsordnung beachten!),
- Die Sonderumlage muss als Änderung oder Nachtrag des Wirtschaftsplanes die anteilmäßige Verpflichtung der Eigentümer festsetzen.
- Fälligkeit der Sonderumlage, damit bei einem Eigentümerwechsel deutlich ist, wer die Zahlung an die Wohnungseigentümergemeinschaft zu leisten hat.

⇨	**BEISPIELE EINER SONDERUMLAGE-BERECHNUNG**		

Der Finanzbedarf für die Reparatur der Balkone liegt bei insgesamt: 10.000,00 EUR.

	MEA	10.000,00 EUR
Wohnung 1	50	500,00 EUR
Wohnung 2	50	500,00 EUR
Wohnung 3	50	500,00 EUR
Wohnung 4	200	2.000,00 EUR
Wohnung 5	200	2.000,00 EUR
Wohnung 6	200	2.000,00 EUR
Wohnung 7	50	500,00 EUR
Wohnung 8	50	500,00 EUR
Wohnung 9	50	500,00 EUR
Wohnung 10	100	1.000,00 EUR
	1.000	**10.000,00 EUR**

→ HINWEIS

Hinweis für eine Sonderumlage bei Beitragsschulden von Wohnungseigentümern:
Wird eine Ausfalldeckungsumlage beschlossen, um den Ausfall von Beitragsvorschüssen zu decken, ist auch derjenige Wohnungseigentümer einzubeziehen,

der den Ausfall verursacht hat. Ist abzusehen, dass die Sonderumlage von den säumigen Schuldnern ganz oder teilweise nicht aufgebracht werden kann, ist sie so zu bemessen, dass ein erneuter Ausfall aufgefangen wird. Bei der Bestimmung der Höhe einer Ausfalldeckungsumlage können die Wohnungseigentümer berücksichtigen, dass der Anteil des zahlungsunfähigen Wohnungseigentümers, über dessen Vermögen das Insolvenzverfahren noch nicht eröffnet ist, voraussichtlich uneinbringlich ist (Bärmann/Becker, 14. Aufl. 2018, WEG § 28 Rn. 47a).

5. Die Abrechnung über den Wirtschaftsplan (Jahresabrechnung)

Der Verwalter hat nach Ablauf des Kalenderjahres über den Wirtschaftsplan eine Abrechnung aufzustellen (§ 28 Absatz 2 WEG). Die Abrechnung enthält eine geordnete und übersichtliche, inhaltlich zutreffende Aufstellung der Einnahmen und Ausgaben des betreffenden Kalender- bzw. Wirtschaftsjahres und eine Einzelabrechnung für jeden Wohnungseigentümer.

Ähnlich wie beim Wirtschaftsplan, wird nicht mehr das Zahlenwerk, sondern nur die sogenannte Abrechnungsspitze beschlossen. Die Abrechnungsspitze bildet sich durch die Kosten der jeweiligen Einheit abzüglich der Soll-Vorschusszahlungen zur Kostentragung bzw. Rücklagen. Das Zahlenwerk, also die Gesamt- und Einzelabrechnung, dient nur noch der Beschlussvorbereitung und ist damit nicht mehr Beschlussgegenstand. Eine Anfechtung der Jahresabrechnung sollte daher nicht mehr erfolgreich sein, solange sich ein Fehler nicht auf die Zahlungspflichten (Abrechnungsspitze) auswirkt.

> **§ 28 Absatz 2 und WEG**
> (2) Nach Ablauf des Kalenderjahres beschließen die Wohnungseigentümer über die Einforderung von Nachschüssen oder die Anpassung der beschlossenen Vorschüsse. Zu diesem Zweck hat der Verwalter eine Abrechnung über den Wirtschaftsplan (Jahresabrechnung) aufzustellen, die darüber hinaus die Einnahmen und Ausgaben enthält. (...)
>
> (4) Der Verwalter hat nach Ablauf eines Kalenderjahres einen Vermögensbericht zu erstellen, der den

> Stand der in Absatz 1 Satz 1 bezeichneten Rücklagen und eine Aufstellung des wesentlichen Gemeinschaftsvermögens enthält. Der Vermögensbericht ist jedem Wohnungseigentümer zur Verfügung zu stellen.

Das Gesetz regelt nicht, in welchem Zeitraum die Abrechnung fertiggestellt werden muss. In der Literatur und Rechtsprechung wird aber angenommen, dass die Jahresabrechnung den Wohnungseigentümern bis spätestens 30.6. vorgelegt werden muss.

Durch die zunehmende Rechtsprechung des Bundesgerichtshofs ist die Erstellung der Jahresabrechnung sehr komplex geworden. Die seit dem 1.12.2020 in Kraft getretene WEG-Reform hat einige grundlegende Veränderungen im Bereich der Jahresabrechnung mit sich gebracht. Insbesondere die zwingenden Bestandteile haben sich verschoben bzw. zusätzlich wurde seit dem 1.12.2020 die Pflicht eingeführt, dass der Verwalter zum 31.12. einen Vermögensbericht für die Wohnungseigentümer erstellen muss.

> **Zwingende Bestandteile der Jahresabrechnung:**
> * Gesamtabrechnung (Darstellung sämtlicher Einnahmen und Ausgaben),
> * Einzelabrechnung (Kostenverteilung, das heißt Verteilung der verteilungsrelevanten Einnahmen und Kosten auf die einzelnen Wohnungseigentümer),
> * Ermittlung der Abrechnungsspitze (Einforderung von Vorschüssen = Nachzahlung oder Anpassung der beschlossenen Vorschüsse = Guthaben).
>
> Für jedes Sondereigentum ist grundsätzlich eine Einzelabrechnung vorzunehmen, die die anteilige Belastung mit Kosten des gemeinschaftlichen Eigentums ausweist. Diese Abrechnung weist die Vorauszahlungen (Vorschüsse) der einzelnen Wohnungseigentümer aus. Aus der Differenz zwischen geschuldeten Vorauszahlungen (Vorschüsse) und anteiligen Kosten ergibt sich für jeden Wohnungseigentümer entweder eine Nachzahlungsverpflichtung oder eine Anpassung der beschlossenen Vorschüsse (Guthaben). Das Guthaben wird aller-

dings nur ausgezahlt, wenn sämtliche Vorschüsse aus dem Wirtschaftsplan erbracht wurden. In der Praxis spricht man auch von der sogenannten Abrechnungsspitze.

Freiwillige Bestandteile:
- Bankkontenentwicklung (dient der Schlüssigkeitsprüfung und wird wie folgt berechnet: Kontoanfangsbestand + Einnahmen – Ausgaben = Kontoendbestand, kann auch Bestandteil der Gesamtabrechnung sein). Seit dem 1.12.2020 wird angenommen, dass die Bankkontenentwicklung Bestandteil des Vermögensberichtes ist,
- Heizkostenabrechnung (Übersicht der gesamten Heizkosten sowie die Verteilung auf die einzelnen Wohnungen anhand des ermittelten Verbrauchs),
- Entwicklung der Erhaltungsrücklage (eine Übersicht, aus welcher die Wohnungseigentümer erkennen, welche Beträge der Erhaltungsrücklage tatsächlich zugeführt / entnommen wurden). Seit dem 1.12.2020 wird angenommen, dass die Entwicklung der Erhaltungsrücklage Bestandteil des Vermögensberichtes ist. Da die Entwicklung der Erhaltungsrücklage oft steuerrelevante Informationen enthält, kann er auch weiterhin oder zusätzlich mit der Jahresabrechnung verschickt werden.
- Übersicht der Abrechnungsergebnisse: Mit Urteil vom 27.10.2017 – V ZR 189/16 hat der Bundesgerichtshof entschieden: Eine Übersicht über die Abrechnungsergebnisse und Hausgeldrückstände aller Wohnungen gehört nicht in die Jahresabrechnung: Freiwillig können diese Angaben aber gemacht werden. Nach hier vertretener Auffassung besteht allerdings eine Pflicht die Abrechnungsergebnisse auszuweisen, soweit im Beschluss zur Jahresabrechnung auf eine solche Anlage verwiesen wird. Denn seit dem 1.12.2020 werden nur noch die konkreten Zahlungspflichten beschlossen.
- Bescheinigung über die haushaltsnahen Dienstleistungen gemäß § 35 EstG.

Musterbeschluss zur Jahresabrechnung:

TOP 3: Beschluss über die Einforderung von Nachschüssen oder die Anpassung der beschlossenen Vorschüsse für das Kalenderjahr 2019 (Jahresabrechnung)

Nach ausführlicher Beratung stimmt die Gemeinschaft der Wohnungseigentümer über nachstehenden Beschlussvorschlag ab:

Die Eigentümergemeinschaft beschließt die Einforderung von Nachschüssen bzw. Anpassung der beschlossenen Vorschüsse gemäß Ausweis in den Einzelabrechnungen 2019 mit Druckdatum vom 1.12.2020. Nachschüsse sind zum ___ *[Datum eintragen]* fällig.

6. Haushaltsnahe Dienstleistungen (§ 35a EStG)

Besteht ein Beschäftigungsverhältnis zu einer Wohnungseigentümergemeinschaft (zum Beispiel bei Reinigung und Pflege von Gemeinschaftsräumen) oder ist eine Wohnungseigentümergemeinschaft Auftraggeber der haushaltsnahen Dienstleistung bzw. der handwerklichen Leistung, kommt für den einzelnen Wohnungseigentümer eine Steuerermäßigung (20 Prozent der Lohnkosten) in Betracht, wenn
- in der Jahresabrechnung die im Kalenderjahr unbar gezahlten Beträge,
- nach den begünstigten haushaltsnahen Beschäftigungsverhältnissen und Dienstleistungen jeweils gesondert aufgeführt sind,
- der Anteil der steuerbegünstigten Kosten (Arbeits- und Fahrtkosten) ausgewiesen ist,
- der Anteil des jeweiligen Wohnungseigentümers anhand seines Beteiligungsverhältnisses individuell errechnet wurde.

Dies gilt auch, wenn die Wohnungseigentümergemeinschaft zur Wahrnehmung ihrer Aufgaben und Interessen einen Verwalter bestellt hat. In diesen Fällen ist der Nachweis durch eine Bescheinigung des Verwalters über den Anteil des jeweiligen Wohnungseigentümers zu führen.

Allerdings ist der Verwalter nicht verpflichtet, eine Bescheinigung gemäß § 35a EStG auszustellen. In der Praxis lassen sich die Verwalter die zusätzliche Dienstleistung vergüten, denn auch nach der Einführung 2006 ist immer noch darauf zu achten, dass die Rechnungen der Wohnungseigentümergemeinschaft in Lohn- und Materialkosten gebucht werden. Das Bundesministerium der Finanzen erlässt regelmäßig besondere Anwendungsschreiben an alle Obersten Finanzbehörden der Länder, aus welchen sich weitere konkrete Umsetzungsregelungen ergeben.

> ⇨ **BEISPIEL AUS DEM ANWENDUNGS-SCHREIBEN DES BUNDESFINANZMINISTE-RIUMS VOM 9.11.2016 (2016/1021450, RN. 48) ZUR FRAGE, WANN DIE AUFWENDUNGEN IN DER EINKOMMENSTEUERERKLÄRUNG GELTEND GEMACHT WERDEN KÖNNEN**
>
> Die Entscheidung, die Steuerermäßigung hinsichtlich der Aufwendungen für die regelmäßig wiederkehrenden Dienstleistungen im Jahr der Vorauszahlung und für die einmaligen Aufwendungen im Jahr der Beschlussfassung oder für die gesamten Aufwendungen die Steuerermäßigung erst im Jahr der Beschlussfassung in Anspruch zu nehmen, hat jeder einzelne Eigentümer bzw. Mieter im Rahmen seiner Einkommensteuererklärung zu treffen.

7. Vermögensbericht

Gemäß § 28 Absatz 4 WEG muss der Verwalter zukünftig einen Vermögensbericht erstellen. Der Vermögensbericht muss zum einen den Ist-Stand der Erhaltungsrücklage (§ 19 Absatz 2 Nummer 4 WEG) und etwaiger durch Beschluss vorgesehener Rücklagen enthalten, folglich wird die Darstellung der Ist- und Soll-Rücklage in den Vermögensbericht überführt.

Daneben muss der Vermögensbericht eine Aufstellung des wesentlichen Gemeinschaftsvermögens enthalten. Das wesentliche Vermögen umfasst insbesondere:
- alle Forderungen der Gemeinschaft der Wohnungseigentümer gegen einzelne Wohnungseigentümer und Dritte (insbesondere Hausgeldschulden einschließlich offener Forderungen zu Rücklagen),

- alle Verbindlichkeiten (vor allem Bankdarlehen),
- sonstige Vermögensgegenstände (etwa Brennstoffvorräte).

Der Vermögensbericht ist jedem Wohnungseigentümer zur Verfügung zu stellen (per Post, E-Mail oder Einstellung auf der Internetseite) und nicht Bestandteil der Jahresabrechnung. Die Wohnungseigentümer können nach § 19 Absatz 1 WEG auch über die Art der Zurverfügungstellung beschließen.

Viele Fragen zum Vermögensbericht sind offen und der Gesetzentwurf zur WEG-Reform 2020 gibt auch keine vernünftigen Antworten vor. Insbesondere ist unklar, wann Bestandteile des Vermögens wesentlich und somit in dem Vermögensbericht zu integrieren sind.

Fraglich ist zum Beispiel, ob auch ein Rasenmäher oder Inventar des Hausmeisterraums zum wesentlichen Vermögen gehört. In der Literatur wird hierzu folgender Versuch unternommen: Einordnung auf die steuerliche Grenze für sogenannte geringwertige Wirtschaftsgüter gemäß § 6 Absatz 2 EStG (800 EUR), setzen für Gemeinschaften bis 8 Einheiten (Bezugsnorm § 19 Absatz 2 Nummer 6 WEG neue Fassung) den halben Wert (400 EUR), für Großgemeinschaften (über 100 Einheiten) den doppelten Wert (1.600 EUR) an (Lehmann/Richter/Wobst, WEG-Reform 2020, Rn. 935 ff.). Die Rechtsprechung wird zeigen, welche Bestandteile der Vermögensbericht zwingend enthalten muss. Zunächst wird es aber ausreichen, dass für bestimmte Gegenstände das Anschaffungsjahr und der Anschaffungswert angegeben werden.

→ **HINWEIS**
| Der Abdruck von Beispielen ist schwierig, da es in Deutschland unzählige Softwareprogramme gibt, die eine Abrechnung, einen Wirtschaftsplan und einen Vermögensbericht stets anders aussehen lassen.

8. Eigentümerwechsel

Kommt es während eines Abrechnungsjahres zu einem Eigentümerwechsel, hat dies folgende Konsequenzen: Die Abrechnungsspitze (Guthaben oder Nachzahlung) fällt im Falle des Eigentümerwechsels zu Lasten oder zu

Gunsten des Eigentümers aus, welcher zum Zeitpunkt der Fälligkeit der Abrechnungsspitze im Grundbuch eingetragen ist (Fälligkeitstheorie, erneut bestätigt durch: Bundegerichtshof, Urteil vom 15.12.2017 – V ZR 257/16).

⚠ **WICHTIG**

Der „Guthabenfall": Für den Fall der Überdeckung ist über die Anpassung der beschlossenen Vorschüsse und nicht etwa über davon losgelöste Rückzahlungen zu beschließen. Dem ist zu entnehmen, dass eine Rückzahlung ausscheidet, soweit Vorschüsse nicht erbracht wurden. Insbesondere im Fall der Veräußerung erwirbt der Käufer deshalb keinen Rückzahlungsanspruch, wenn der Veräußerer die Vorschüsse nicht gezahlt hat (...), BT-Drucksache 19/18791, Seite 77.

⇨ **BEISPIEL**

Bis zum 30.9.2020 war V Wohnungseigentümer der Wohnung Nr. 1. Am 1.10.2020 wird E als neuer Wohnungseigentümer in das Grundbuch der Wohnung Nr. 1 eingetragen. Am 15.1.2021 erhält E die Jahresabrechnung für das Kalenderjahr 2020, welche mit einer Nachzahlung (negative Abrechnungsspitze) von 240,00 EUR abschließt. Nach Beschluss der Jahresabrechnung durch die Wohnungseigentümergemeinschaft ist E verpflichtet, die gesamte Nachzahlung in Höhe von 240,00 EUR an die Wohnungseigentümergemeinschaft zu erstatten.

Die Wohnungsveräußerer und -erwerber sollten eventuell bestehende Ansprüche bereits im Vorfeld im Kaufvertrag für die interne Verrechnung regeln, denn die Jahresabrechnung des Verwalters erfolgt immer wohnungs- bzw. objektbezogen. Eine Abrechnungsteilung in verschiedene Zeiträume gibt es im Wohnungseigentumsrecht nicht.

→ **HINWEIS**

Der Erwerber haftet nicht für fehlende Vorschüsse aus dem Wirtschaftsplan des Veräußerers! Liegen jedoch Hausgeldrückstände des ehemaligen Eigentümers (Anspruch besteht aus dem Wirtschaftsplan bzw. dem Beschluss der Vorschusszahlung) vor, zahlt

der neue Eigentümer nur die sogenannte Abrechnungsspitze.

9. Abrechnung bei Verwalterwechsel

Die Pflicht zur Erstellung der Jahresabrechnung gemäß § 28 Absatz 2 WEG trifft den Verwalter, der im Zeitpunkt der Entstehung der Abrechnungspflicht Amtsinhaber ist. Scheidet der Verwalter im Laufe des Wirtschaftsjahres aus seinem Amt aus, schuldet er – vorbehaltlich einer abweichenden Vereinbarung – die Jahresabrechnung für das abgelaufene Wirtschaftsjahr unabhängig davon, ob im Zeitpunkt seines Ausscheidens die Abrechnung bereits fällig war. Allerdings hat die Rechtsprechung (Bundesgerichtshof, Urteil vom 16.2.2018 – V ZR 89/17) offengelassen, ob die Abrechnungspflicht bei einem Verwalterwechsel zum Ende des Jahres am 31.12 oder 1.1 eintritt. Nach aktuell herrschender Meinung soll die Abrechnungspflicht am 1.1. eintreten

---

⇨ **BEISPIEL**

Verwalter V wurde zum 31.12.2020 abberufen. Verwalter X wurde ab dem 1.1.2021 zum Verwalter bestellt. Es stellt sich nun die Frage, wer für die Erstellung der Jahresabrechnung 2020 zuständig ist. Nach wohl herrschender Meinung tritt die Pflicht zur Erstellung der Jahresabrechnung am 1.1. ein, sodass Verwalter X die Jahresabrechnung für das Kalenderjahr 2020 erstellen muss.

---

10. Änderung des Wirtschaftsjahres/Abrechnungsjahr

Die Jahresabrechnung und der Wirtschaftsplan sind gemäß § 28 WEG für ein Kalenderjahr aufzustellen. Nur durch eine Vereinbarung in der Gemeinschaftsordnung kann das Wirtschaftsjahr abweichend vom Kalenderjahr festgelegt werden. Eine jahrelange abweichende Übung reicht hierzu nicht aus. Durch Beschluss ist eine abweichende Festlegung des Wirtschaftsjahres nicht möglich; der Beschluss wäre mangels Beschlusskompetenz von Anfang an nichtig.

11. Durchsetzung von Hausgeld-ansprüchen

Jeder Wohnungseigentümer hat sich gemäß § 16 Absatz 2 WEG an den Kosten der Wohnungseigentümergemein-schaft zu beteiligen. Der Verwalter hat alle Zahlungen und Leistungen zu bewirken und entgegenzunehmen, die mit der laufenden Verwaltung des gemeinschaftli-chen Eigentums zusammenhängen und eingenommene Gelder zu verwalten. Verweigert ein Eigentümer die Zahlungen, muss der Verwalter die Rückstände außer-gerichtlich bzw. gerichtlich geltend machen.

Für die gerichtliche Durchsetzung durch den Verwalter bedarf es seit dem 1.12.2020 keiner besonderen Ermäch-tigung mehr (§ 27 Absatz 1 WEG). Der Verwalter kann somit entscheiden, wenn die Voraussetzungen vor-liegen, einen geeigneten Rechtsanwalt mit der Beitrei-bung der Rückstände zu beauftragen.

In der Praxis werden Beitragsrückstände häufig im Mahnverfahren beigetrieben. Sollte der betroffene Wohnungseigentümer Widerspruch einlegen, werden die Beitragsrückstände im streitigen Gerichtsverfahren (Zahlungsklage) geltend gemacht. Das Verfahren endet in der Regel mit einem Urteil, in welchem der betroffene Wohnungseigentümer zur Zahlung der Beitragsrück-stände zuzüglich der Verfahrenskosten verurteilt wird. Hierfür darf der Verwalter für die Wohnungseigen-tümergemeinschaft einen geeigneten Rechtsanwalt beauftragen. Soweit der Wohnungseigentümer seine Beitragsrückstände trotz eines gerichtlichen Urteils oder Vollstreckungsbescheides nicht freiwillig zahlt, muss die Zwangsvollstreckung erfolgen.

Besondere Hinweise zum Zwangsversteigerungs-verfahren:
Seit der WEG-Reform 2007 werden die angemel-deten bevorrechtigten Beitragsansprüche der Wohnungseigentümergemeinschaft gemäß § 10 Absatz 1 Nummer 2 ZVG (Zwangsversteigerungs-gesetz) in Rangklasse 2 bei der Verteilung eines Versteigerungserlöses vor den dinglich gesicherten Ansprüchen von Grundpfandrechtsgläubigern in Rangklasse 4 berücksichtigt. Allerdings besteht das Vorrecht der Rangklasse 2 auf Beträge in Höhe von nicht mehr als fünf Prozent des nach § 74a Absatz 5 ZVG festgesetzten Verkehrswerts. Wichtig ist, dass die Wohnungseigentümergemeinschaft nur selbst die Zwangsversteigerung beantragen kann, wenn ein Vollstreckungstitel vorliegt. Die Beantragung der Zwangsversteigerung durch die Wohnungs-eigentümergemeinschaft hat also folgende Vorteile:

Im Zuge der Zwangsversteigerung sollte so schnell wie möglich ein neuer, solventer Wohnungseigen-tümer den Zuschlag bekommen. Die Eigentümer-gemeinschaft bekommt maximal fünf Prozent des Verkehrswertes, wobei es sich nur um Beitragsrück-stände handelt, die im Kalenderjahr der Beschlag-nahme und in den beiden Kalenderjahren zuvor fällig geworden sind. Je schneller das Verfahren ein-geleitet werden kann, je größer ist die Möglichkeit, den Gesamtschaden für die Wohnungseigentümer-gemeinschaft gering zu halten.

→ **HINWEIS**
Solange der säumige Wohnungseigentümer seine Beiträge nicht an die Wohnungseigentümerge-meinschaft zahlt, müssen die anderen Wohnungs-eigentümer diese Rückstände bis zur vollständigen Begleichung durch den Schuldner vorstrecken (meist durch Sonderumlage).

Entziehung des Wohnungseigentums
Wenn sich ein Wohnungseigentümer einer so schweren Verletzung der ihm gegenüber den anderen Wohnungs-eigentümern oder der Wohnungseigentümergemein-schaft obliegenden Verpflichtungen schuldig gemacht hat, dass diesen die Fortsetzung der Gemeinschaft mit ihm nicht mehr zugemutet werden kann, so kann die Wohnungseigentümergemeinschaft von ihm die Ver-äußerung seines Wohnungseigentums verlangen (§ 17 Absatz 1 WEG).

Voraussetzungen eines Entziehungsverfahrens
Der Wohnungseigentümer muss trotz einer Abmah-nung durch den Verwalter wiederholt gröblich gegen die ihm nach § 14 Absatz 1 und 2 WEG obliegenden Pflichten verstoßen haben.

→ **HINWEIS**

Bei den abgebildeten Beispielen handelt es sich um Einzelfälle aus der Rechtsprechung!

Eine Entziehung des Wohnungseigentums wegen Beitragsschulden wird in der Praxis kaum noch angewandt, da die Wohnungseigentümergemeinschaft die Möglichkeit hat, soweit ein vollstreckbarer Titel vorliegt, die Zwangsversteigerung des Sondereigentums zu beantragen.

Beschluss über das Entziehungsverfahren

Das Verlangen auf Veräußerung des Wohnungseigentums erfolgt in einer Wohnungseigentümerversammlung seit dem 1.12.2020 durch einfachen Mehrheitsbeschluss. Der von der Entziehung betroffene Wohnungseigentümer hat gemäß § 25 Absatz 4 WEG kein Stimmrecht.

Persönliche Notizen